管·理·思·想

Research on Single-machine Scheduling
Problem with Processing Time Deterioration

处理时间恶化的
单机调度问题研究

吴花平 著

图书在版编目（CIP）数据

处理时间恶化的单机调度问题研究/吴花平著. —北京：经济管理出版社，2019.8
ISBN 978－7－5096－6797－2

Ⅰ.①处… Ⅱ.①吴… Ⅲ.①企业管理—生产调度—研究 Ⅳ.①F273

中国版本图书馆 CIP 数据核字（2019）第 154291 号

组稿编辑：杨雅琳
责任编辑：李红贤
责任印制：黄章平
责任校对：陈 颖

出版发行：经济管理出版社
（北京市海淀区北蜂窝 8 号中雅大厦 A 座 11 层 100038）
网　　址：www.E－mp.com.cn
电　　话：（010）51915602
印　　刷：三河市延风印装有限公司
经　　销：新华书店
开　　本：720mm×1000mm/16
印　　张：11.5
字　　数：139 千字
版　　次：2019 年 11 月第 1 版　2019 年 11 月第 1 次印刷
书　　号：ISBN 978－7－5096－6797－2
定　　价：68.00 元

·版权所有　翻印必究·
凡购本社图书，如有印装错误，由本社读者服务部负责调换。
联系地址：北京阜外月坛北小街 2 号
电话：（010）68022974　邮编：100836

前　　言

　　调度问题是制造业和服务业中不可或缺的关键问题，而单机调度问题几乎是所有调度问题的核心部分。单机调度的深入研究对提高企业的运作效率、降低资源浪费、提高客户满意度以及更好地使资源得到优化配置，都具有极为重要的意义。

　　传统的调度问题中工件的处理时间常被假设为常量。然而，人们在实际的调度中发现，工件的处理时间由于受外界环境或自身特性的影响，导致后面被加工工件的处理时间都将延长，这种现象被称为处理时间恶化的现象。为此，本书研究了处理时间恶化的单机调度问题。

　　本书综述了单机调度问题产生的背景、特点、分类和目前的研究现状，同时综述了分枝定界算法、嵌套分割方法以及两者在调度问题中的应用。在此基础上，本书针对处理时间不同恶化模式，研究了处理时间依赖开始时间恶化的单机调度问题、处理时间依赖等待时间恶化的单机调度问题、处理时间依赖累积处理时间恶化的单机调度问题和处理时间依赖累积处理时间恶化的交货期安排问题。

　　针对处理时间依赖开始时间恶化的单机调度问题，分恶化率相同和不同两种情况进行了研究。针对恶化率相同的情况，以最小化最大完工时间为目标，研究了工件具有不同释放时间和相同恶化率的单机调度问题。建立了该问题的混合整数规划模型，采用 ILOG 软件包对模型进行了求解，与已有文献提出的分枝定界算法和启发式算法进行了对比，验证了模型的有效性。针对恶化率不同的情况，以最小化最大完工时间为目标，研究了工件具有不同释放时间和不同恶化率的单机调度问题。首先，建立了该问题的混合整数规划模型，并采用 ILOG 软件包求解了该模型；其次，提出了基于优先支配性质和下界的分枝定界算法，获得了问题的最优解，并验证了该算法时间优于 ILOG，由于分枝定界算法对大规模问题的局限性，进而提出了规则引导的嵌套分割方法并获得了问题的近优解；最后，对所提的算法进行了对比分析，结果表明所提出的模型和算法是有效的。

针对处理时间依赖等待时间恶化的单机调度问题，分工件处理时间依赖等待时间线性恶化和分段线性恶化两种情况分别进行了研究。针对处理时间依赖等待时间线性恶化的情况，以最小化最大完工时间为目标展开研究。首先，提出了工件处理时间依赖等待时间线性恶化的数学模型。其次，提出了基于优先支配性质和下界的分枝定界算法，并获得问题的最优解；为弥补分枝定界算法的局限性，提出了规则引导的嵌套分割方法并获得了问题的近优解。最后，对所提的模型和算法进行了对比分析，结果表明所提出的模型和算法是有效的。针对工件处理时间依赖等待时间分段线性恶化的情况，以最小化最大完工时间为目标展开研究。首先，提出了工件的处理时间依赖等待时间分段线性恶化的模型。其次，提出了基于优先支配性质和下界的分枝定界算法，并获得问题的最优解；进一步地，提出了规则引导的嵌套分割方法并获得了问题的近优解。最后，对所提的算法进行了对比分析，结果验证了所提算法的有效性。

针对处理时间依赖累积处理时间恶化的单机调度问题，分在调度序列中安排多个恢复时间和考虑恢复函数两种情况进行了研究。针对处理时间依赖累积处理时间非线性恶化的情况下安排多个恢复时间的单机调度问题，以最小化最大完工时间为目标展开了研究。首先，根据问题特点，提出了问题优先支配性质和下界；其次，提出了基于性质和下界的分枝定界算法以及基于性质的启发式算法，通过实验验证了所提算法的有效性；最后，针对问题的两个特例，证明了在多项式时间内可获得最优解。针对处理时间依赖累积处理时间非线性恶化的情况下考虑恢复函数的单机调度问题，分别以最小化最大完工时间和最小化总的完工时间为目标展开了研究。首先，根据工人体力恢复依赖时间的特点，提出了基于时间的恢复函数；其次，基于该问题的特点，提出了相关的性质和定理；再次，基于上述特性，针对两个目标函数不同的问题，分别给出了问题的多项式算法；最后，通过算例验证了所提模型和算法的有效性。

针对处理时间依赖累积处理时间恶化的交货期安排问题，分别对允许工件提前和在调度过程中安排多个机器维护阶段（Rate-modifying activities，RMAs）的两类问题进行了研究。针对允许工件提前的交货期安排问题，以最小化总的拖期惩罚为目标展开了研究。证明了该问题在多项式时间内是可解的，并给出了问题的多项式算法以及算例。针对在调度过程中安排多个机器维护阶段的问题，以最小化总的提前和拖期惩罚为目标，研究了处理时间非线性恶化和带有多个RMAs交货期安排的单机调度问题。首先，根据问题的特点，将其分为几种不同的情况进行了分析，提出了相关的性质和定理；其次，给出了最优的松弛时间；最后，证明了该问题在多项式时间内是可解的。

最后给出了全书的结论和未来研究方向上的一些建议。

目　　录

第一章　绪论 ………………………………………………………… 1

    第一节　研究背景 ………………………………………………… 1

    第二节　研究目的及意义 ………………………………………… 3

    第三节　本书研究思路 …………………………………………… 4

    第四节　本书主要工作 …………………………………………… 6

第二章　相关理论综述 ……………………………………………… 9

    第一节　单机调度问题综述 ……………………………………… 9

    第二节　处理时间变化的单机调度问题综述 …………………… 15

    第三节　相关算法综述 …………………………………………… 23

    本章小结 …………………………………………………………… 33

第三章　处理时间依赖开始时间恶化的单机调度问题 …………… 34

    第一节　基于相同恶化率的单机调度问题 ……………………… 35

    第二节　基于不同恶化率的单机调度问题 ……………………… 43

    本章小结 …………………………………………………………… 61

第四章 处理时间依赖等待时间恶化的单机调度问题 …………… 62

第一节 依赖等待时间线性恶化的单机调度问题 …………… 63
第二节 依赖等待时间分段线性恶化的单机调度问题 ……… 78
本章小结 …………………………………………………………… 97

第五章 处理时间依赖累积处理时间恶化的单机调度问题 ………… 98

第一节 考虑不同 RMAs 的单机调度问题 …………………… 99
第二节 考虑恢复函数的单机调度问题 ……………………… 120
本章小结 ……………………………………………………… 136

第六章 处理时间依赖累积处理时间恶化的交货期安排问题 …… 137

第一节 允许工件提前的单机调度问题 ……………………… 138
第二节 考虑多个 RMAs 的交货期安排问题 ………………… 142
本章小结 ……………………………………………………… 153

第七章 结束语 ……………………………………………………… 154

参考文献 ……………………………………………………………… 157

后　记 ………………………………………………………………… 175

第一章

绪 论

第一节 研究背景

科学技术及经济的迅速发展和社会的不断进步在促进制造业和服务业进步的同时,也对其提出了更高的要求,即企业需要以尽可能低的投入得到尽可能高的产出才能在激烈的市场竞争中生存下来。为实现此目标,企业需要对现有的资源进行合理的安排与调度。

在制造业中,当制造部门接收到订单后,需对订单上的工作按照先后顺序合理地安排到指定的机器上,如果指定的机器在一定时间内繁忙或需要进行维修时,将会影响到整个订单的完工时间。因此,制造部门需考虑可能出现的因素并结合各工作的特性进行分析,如是否可以延期交货,延期是否会带来惩罚以及是否对公司的声誉有很大的影响等,对于上述要求,制造部门需根据具体情况合理安排生产工作和生产资源,使资源达到最好的配置,保证目标的最优性,即在满足要求的条件下，尽可能地减少资源的消耗，使生产效率和总体效益达到最大化。

在服务业中，随着人们生活水平的不断提高，顾客对服务水平的要求也越来越高，如航班延误是人们现在所关注的热点之一。由于人们对时间的要求越来越高，航空业的服务质量面临着新的挑战，而服务质量相当程度上取决于机场地面作业服务资源和天气状况的影响，其中天气状况属于人为不可控因素。因此，有效地将人、设备以及信息等地面作业资源进行合理的优化与配置成为提高航空业服务质量的有效途径。

针对上述问题，在传统的调度方法中，常常假设设备总是处于待命状态和高效率作业的状态，工件总是处于等待被处理的最佳状态，进而工件的处理时间常被考虑为常量。

然而，在实际的制造业及服务业中，一方面由于机器在生产过程中发热、磨损等因素使机器的生产效率受到影响；另一方面对于特殊工件在等待机器加工过程中，其特性将受到外界影响。这两种情况都会导致后面被加工工件的处理时间的延长，这种现象称之为处理时间恶化的现象。正是由于这种情况的出现，促使了对处理时间恶化的调度问题的进一步探讨与研究。

除此之外，单机调度问题是复杂机器调度问题的单元与核心，是所有制造环境以及服务环境中的一个特例。研究单机调度问题不仅能够对单机环境本身提供很好的解决方法，而且能够给复杂机器环境提供一些基本的性质和深刻的认识。在实际应用中，复杂机器调度问题常常被分解为若干个单机调度问题对其进行分析与求解。因此，对于处理时间恶化的单机调度问题研究是非常有必要的。

第二节 研究目的及意义

在制造业和服务业的生产过程中，整个订单或任务的完成由若干个相对独立的生产单元组成，如何合理安排每个生产单元，对于整个订单或任务的完成起着至关重要的作用。每个生产单元可看作一个机器环境，若为单机环境，可将问题转换为单机调度问题；若为多机环境，可将问题转换为多机调度问题，而多机调度问题又常常被分解为若干个单机调度问题。因此，对单机调度问题进行研究是提高企业生产效率的关键。

另外，由于全球化的推进，我国制造业和服务业面临的是一个高度国际化的市场，这给我国企业带来机遇的同时也带来了巨大的挑战。企业亟须抛弃传统的生产调度方式，采用现代高效的生产调度方式以适应市场的需求，而对单机调度问题的深入研究恰恰有助于企业推进生产调度方式的现代化进程。

除此之外，在传统的单机调度研究中，处理时间常被抽象为一个常数，而这与实际中遇到的情况并不相符，如在清洁、消防等过程中，处理时间是随着时间不断递增的；而对处理时间恶化的单机调度问题研究正是为适应该类情况提出的，同时，在理论方面，对于处理时间恶化的单机调度问题比较系统完整的研究甚少，通过对其深入研究，可以进一步完善调度理论。

因此，研究处理时间恶化的单机调度问题不仅对企业的生产调度具有重要的实践指导作用，而且对充实调度理论具有重要的理论价值。

第三节 本书研究思路

本书针对处理时间恶化的单机调度问题复杂性的特点，紧密结合国内外对该问题的研究与发展现状，充分借鉴国内外的研究成果，在国家自然科学基金项目的支撑下，对处理时间恶化的单机调度问题进行深入系统的分析。

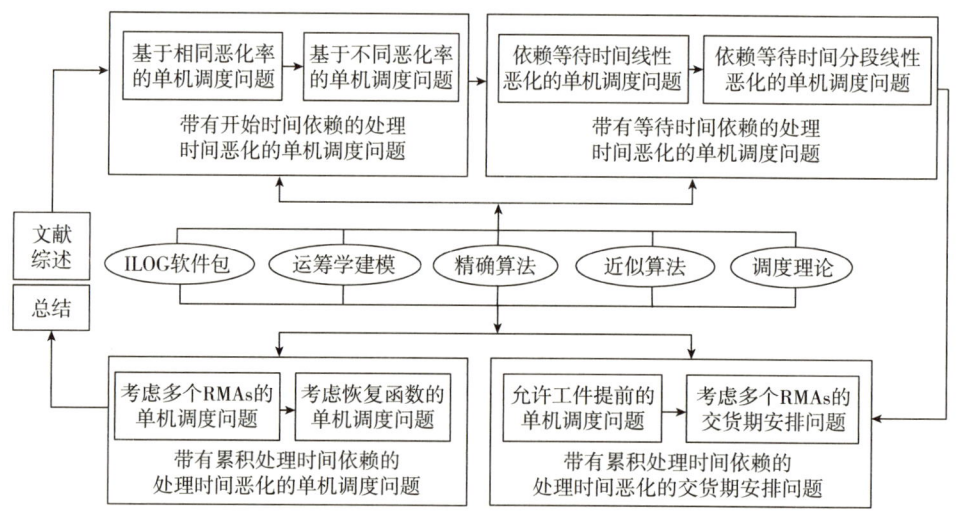

图1-1 总体研究路线

本书拟采取的技术路线是：在充分查阅文献资料的基础上，分别对处理时间不变的单机调度问题、处理时间变化的单机调度问题、精确算法以及近似算法进行综述与分析，掌握最新的研究成果，为后续的研究打下坚实的理论基础。基于处理时间恶化的单机调度问题，首先考虑了处理时间依赖开始时间恶化的单机调度问题，包括基于相同恶化率、不同恶化率的单机调度问题，并建立了相应的优化模型，采用了适合问题的精确算法、近似算法以及 ILOG 软件包对问题进行了求解；其次，考虑了处理时间依赖等待时间恶化的单机调度问题，包括依赖等待时间线性恶化、分段线性恶化的单机调度问题，同样采用了适合问题的精确算法、近似算法对问题进行了求解；再次，考虑了处理时间依赖累积处理时间恶化的单机调度问题，包括考虑多个机器维护阶段（Rate-modifying activities，RMAs）、恢复函数的单机调度问题，分别给出了问题的精确算法、近似算法和多项式算法；又次，考虑了处理时间依赖累积处理时间恶化的交货期安排问题，包括允许工件提前、考虑多个 RMAs 交货期安排的单机调度问题，给出了问题的相关性质及求解方法；最后，对处理时间恶化的单机调度问题进行了总结。本书的总体研究路线如图 1-1 所示，主要研究内容框架如图 1-2 所示，详细研究内容请参考相关章节。

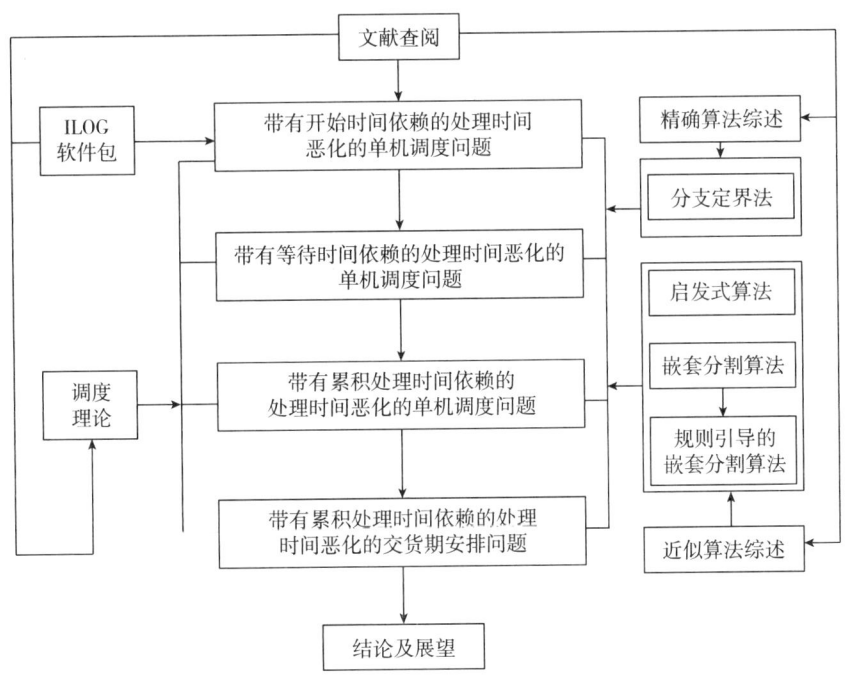

图 1-2 研究内容框架

第四节 本书主要工作

为更好地适应实际调度中遇到的问题，本书研究了处理时间依赖开始时间恶化的单机调度问题、处理时间依赖等待时间恶化的单机调度问题、处理时间依赖累积处理时间恶化的单机调度问题和处理时间依赖累积处理时间恶化的交货期安排问题。

本书的主要工作包括以下四个方面：

第一，针对处理时间依赖开始时间恶化的单机调度问题，对恶化率相同和不同的情况进行了研究，提出了问题的相关性质和求解算法。

一是针对恶化率相同的情况，以最小化最大完工时间为目标，研究了工件具有不同释放时间和相同恶化率的单机调度问题。该问题为NP-complete问题。针对该问题，建立了混合整数规划模型，采用ILOG软件包对模型进行了求解，将实验结果与已有文献提出的分枝定界算法和启发式算法进行了对比，结果验证了模型的有效性。

二是针对恶化率不同的情况，以最小化最大完工时间为目标，研究了工件具有不同释放时间和不同恶化率的单机调度问题。该问题为NP-complete问题。针对该问题，首先，建立了混合整数规划模型，并采用ILOG软件包求解了该模型；其次，提出了基于优先支配性质和下界的分枝定界算法，并获得问题的最优解；再次，为解决分枝定界算法对大规模问题的局限性，提出了规则引导的嵌套分割方法并获得了问题的近优解；最后，对所提的模型和算法进行了对比分析，结果表明所提出的模型和算法是有效的。

第二，针对工件处理时间依赖等待时间恶化的单机调度问题，对工件处理时间依赖等待时间线性恶化和分段线性恶化的情况进行了研究，提出了问题的相关性质和求解算法。

一是针对处理时间依赖等待时间线性恶化的情况，以最小化最大完工时间为目标展开研究。该问题为 NP-complete 问题。针对该问题，首先，提出了工件处理时间依赖等待时间线性恶化的模型。其次，提出了基于优先支配性质和下界的分枝定界算法，并获得问题的最优解；然而，由于当问题规模增大时，分枝定界算法需要耗费大量的时间才能得到问题的最优解，因此，提出了规则引导的嵌套分割方法，并获得了问题的近优解。最后，对所提的模型和算法进行了对比分析，结果表明所提出的模型和算法是有效的。

二是针对工件处理时间依赖等待时间分段线性恶化的情况，以最小化最大完工时间为目标展开研究。首先，提出了工件的处理时间依赖等待时间分段线性恶化的模型。其次，提出了基于优先支配性质和下界的分枝定界算法，并获得问题的最优解。由于分枝定界算法的局限性，进一步地，提出了规则引导的嵌套分割方法并获得了问题的近优解。最后，对所提的算法进行了对比分析，结果验证了所提算法的有效性。

第三，针对处理时间依赖累积处理时间非线性恶化的单机调度问题，以在调度序列中安排多个恢复时间和考虑恢复函数的情况进行了研究，提出了问题的相关性质和求解方法。

一是针对处理时间依赖累积处理时间非线性恶化的情况下安排多个恢复时间的单机调度问题，以最小化最大完工时间为目标展开了研究。首先，根据问题的特点，提出了问题优先支配性质和下界；其次，基于问题性质和下界，进一步提出了分枝定界算法和启发式算法，并通过实验验证了所提算法的有效性；最后，证明了问题的两个特例在多项式时间内可获得最优解。

二是针对处理时间依赖累积处理时间非线性恶化的情况，考虑恢复函数的单机调度问题，分别以最小化最大完工时间和最小化总的完工时间为目标展开了研究。首先，根据工人体力恢复依赖时间的特点，提出了基于时间的恢复函数；其次，基于该模型下问题的特点，提出了相关的性质和定理；再次，基于上述特性，分别考虑了两个目标函数，并给出问题的多项式算法；最后，通过算例验证了所提模型和算法的有效性。

第四，针对工件处理时间依赖累积处理时间非线性恶化的交货期安排问题，以允许工件提前以及在调度过程安排多个机器维护阶段的交货期安排问题进行了研究，提出了问题的相关性质和求解方法。

一是针对允许工件提前的交货期安排问题，以最小化总的拖期惩罚为目标展开了研究。证明了该问题在多项时间内是可解的，并给出了问题的多项式算法以及算例。

二是针对在调度过程中安排多个机器维护阶段的问题，以最小化总的提前和拖期惩罚为目标，研究了处理时间非线性恶化和带有多个Rate-modifying activities（RMAs）交货期安排的单机调度问题。首先，根据问题的特点，将其分为几种不同的情况进行分析，提出了相关的性质和定理；其次，给出了最优的松弛时间；最后，证明了该问题在多项式内是可解的。

第二章
相关理论综述

第一节 单机调度问题综述

自从 Jackson（1955）和 Smith（1956）对单机调度问题进行研究之后，单机调度问题的研究一直备受学者们关注。

一、单机调度问题的定义

基本的单机调度问题可描述为：将一组相互独立的工件在满足一定的调度环境和约束条件下，按照一定的顺序安排到一个单机或资源上被依次加工或处理，使所考虑的目标最优（张智海，2007）。由于不同的调度问题所涉及的机器、工件的性质以及所要求的目标不同，出现了形式多样的调度模型。为了能够更清楚简洁地表达调度模型，Graham 等在 1979 年提出了目前国际通用的三参数表示方法。

三参数方法 $\alpha|\beta|\gamma$ 由 α、β 和 γ 三个域组成。

α域表示机器的环境及性质，α ∈ {1, P, Q, R, J, O}。

α=1：表示单机（Single Machine）环境。

α=P：表示同速并行机（Parallel Machines）环境，即所有机器具有相同的处理速度。

α=Q：表示恒速并行机（Uniform Machines）环境，即所有机器的速度都是常数，但各机器的速度不同。

α=R：表示变速并行机（Unrelated Parallel Machines）环境，即所有机器的速度是不定的。

α=F：表示流水作业（Flow Shop）环境，即每个工件按照相同的加工顺序在每个机器上被加工。

α=J：表示车间作业（Job Shop）环境，即每个工件按照自己的加工顺序在每个机器上被加工。

α=O：表示开放作业（Open Shop）环境，即每个工件按照任意的加工顺序在每个机器上被加工。

β域表示工件的性质以及对加工影响的约束条件，随着调度问题的复杂性，它包括的项目也越来越多。对于包含 n 个任务的环境，可能包含以下约束：

p_j：表示工件具有不同的处理时间（$j=1, 2, \cdots, n$）。

r_j：表示工件具有不同的释放时间（$j=1, 2, \cdots, n$）。

d_j：表示工件具有不同的交货期（$j=1, 2, \cdots, n$）。

ω_j：表示工件相对于其他工件的重要程度（$j=1, 2, \cdots, n$）。

$prec$：表示工件具有一般优先约束。

$tree$：表示工件具有树形优先约束。

$chains$：表示工件具有平行链优先约束。

rm：表示工件的处理时间因机器处理速度改变而受到影响（Lee and Leon, 2001; Lodree et al., 2009; Lodree and Christophor, 2010）。

γ 域表示需要优化的目标。对于包含 n 个任务的环境，C_j 表示工件 J_j 的完工时间，依据不同的环境需求，可能包含以下需要优化的目标函数：

$C_{\max}$：表示所有工件中最大的完工时间（Makespan），即 $C_{\max} = \max\limits_{j=1}^{n} \{C_j\}$。

$\sum C_j$：表示所有工件总的完工时间之和（Total Completion Times），即 $\sum C_j = \sum\limits_{j=1}^{n} C_j$。

$\sum \omega_j C_j$：表示所有工件总的加权完工时间之和（Total Weighted Completion Times），即 $\sum \omega_j C_j = \sum\limits_{j=1}^{n} \omega_j C_j$。

$L_{\max}$：表示所有工件中最大的延误（Maximum Lateness），即 $L_{\max} = \max\limits_{j=1}^{n} \{L_j\}$，其中 $L_j = C_j - d_j$ 表示工件 J_j 的延误时间。

$T_{\max}$：表示所有工件中最大的拖期（Maximum Tardiness），即 $T_{\max} = \max\limits_{j=1}^{n} \{T_j\}$，其中 $T_j = \max\{0, L_j\}$ 是工件 J_j 的延迟时间。

$\sum T_j$：表示所有工件总的拖期（Total Tardiness），即 $\sum T_j = \sum\limits_{j=1}^{n} T_j$，其中 $T_j = \max\{0, L_j\}$ 是工件 J_j 的延迟时间。

$\sum \omega_j T_j$：表示所有工件总的拖期惩罚（Total Weighted Tardiness），即 $\sum \omega_j T_j = \sum\limits_{j=1}^{n} \omega_j T_j$。

$\sum E_j$：表示所有工件总的提前（Total Earliness），即 $\sum E_j = \sum\limits_{j=1}^{n} E_j$，其中 $E_j = \max\{0, d_j - C_j\}$ 是工件 J_j 的提前时间。

$\sum \omega_j E_j$：表示所有工件总的提前惩罚（Total Weighted Earliness），

即 $\sum \omega_j E_j = \sum_{j=1}^{n} \omega_j E_j$。

$\sum U_j$：表示延迟的工件数（Number of Tardy Jobs），即 $\sum U_j = \sum_{j=1}^{n} U_j$，其中 $U_j = \begin{cases} 1, & C_j > d_j \\ 0, & C_j \leq d_j \end{cases}$。

因此，单机调度问题利用三参数方法可表示为 $1|\beta|\gamma$。

二、单机调度问题的特点

单机调度问题是经典的离散优化问题，它是其他调度问题的特殊形式，是其他调度问题的分解单元。单机调度的特点是所有任务在一台机器上按照一定的次序被依次加工。根据单机调度问题的特点，经典的调度问题可以通过启发式规则在多项式时间内得到问题的最优解。然而，为了满足实际的需要，需要不断地提出新的单机调度模型，且由于结合实际环境的需要使大部分的单机调度变为 NP 难问题，这给问题的求解带来了新的挑战。

三、单机调度问题的研究现状

目前，单机调度问题已得到国内外许多学者的广泛研究（杨善林等，2011；王松丽，2012；王刚等，2013），从处理时间是否变化的角度，可分为处理时间不变的单机调度问题和处理时间变化的单机调度问题。

（一）处理时间不变的单机调度问题

处理时间不变是指工件的处理时间不受等待时间、机器效率等环境的影响，始终保持不变，是一个常量。关于处理时间不变的单机调度问题是经典的调度问题，许多学者对其进行了研究。优化目标主要集中于最小化最大完工时间、最小化总的完工时间、最小化总的提前和拖期惩罚以及最小化总的延迟工件数等方面。

1. 最小化最大完工时间

Carlier（1982）提供了最小化最大完工时间的单机器调度问题的一个下界。Potts（1980）针对工件带有释放时间、处理时间和交货期的最小化最大完工时间问题，提出了一个启发式算法。Lee（1999）研究了具有动态到达时间的最小化最大完工时间的单机批处理调度问题，提出了启发式算法，针对几个特例给出了多项式和非多项式算法。Carlier 等（2010）研究了带有机器无空闲约束的最小化最大完工时间的单机调度问题，并给出了精确的求解方法。

2. 最小化总的完工时间

Bianco 和 Ricciardelli（1982）研究了带有释放时间的最小化总完工时间的单机调度问题，并提出了带有相应性质的分枝定界方法对其进行求解。由于分枝定界算法对于大规模问题的局限性，Hariri 和 Potts（1983）提出了一个启发式算法对其进行求解并得到了问题的近优解。Nessah 和 Kacem（2012）研究了带有释放时间的单机调度问题，目标是最小化总的加权完工时间，提出带有启发式和下界的分枝定界算法对问题进行了求解。Sadfi 等（2005）研究了改进的近似算法求解带有可用约束的最小化总完工时间单机调度问题。

3. 最小化总提前和拖期惩罚

Emmons（1969）最早研究了最小化总拖期的单机调度问题。Panwalkar 等（1982）研究了所有的工件都具有相同的交货期，目标是决定最优交货期和最小化总的提前和延迟惩罚。Ernesto 和 Débora（2012）进一步提出了一个启发式方法，该方法对于求解大规模的最小化总的提前和延迟惩罚的单机调度问题具有很好的效果。Tasgetiren 等（2009）提出了一个离散差分进化算法，解决了带有序列依赖安装时间的最小化总的加权延迟单机调度问题。Valente 和 Schaller（2010）针对机器有无空闲约束的总的提前和延迟惩罚的问题，提出了改进的启发式算法，并与已有的遗传算法进行了对比，结果显示所提启发式算法具有很好的效率。Wang 和 Tang（2009）针对最小化总的加权延迟的单机调度问题，提出了基于种群的变领域搜索方法。Baker 和 Keller（2010）应用 CPLEX 软件求解最小化总的延迟的单机调度问题，实验表明，当问题规模小于 50 的时候，CPLEX 软件能够在合理的时间内对问题进行求解。

4. 最小化总延迟工件数

Villarreal 和 Bulfin（1983）针对最小化总的加权延迟工件数的单机调度问题，提出了一个新的分枝定界框架，能够在很短的时间内得到问题规模不小于 50 的最优解。Moore（1968）提出了一个启发式算法求解最小化总延迟工件数的单机调度问题。Sevaux 和 Dauzère-Pérès（2003）提出了遗传算法求解最小化加权延迟工件数的单机调度问题。Baptiste 等（2003）针对带有释放时间约束的最小化总的延迟工件数的单机调度问题，提出了带有有效截枝的分枝定界算法。Dauzère-Pérès 和 Sevaus（2003）应用拉格朗日松弛方法对最小化总加权延迟工件数的单机调度问题进行了求解。

（二）处理时间变化的单机调度问题

目前，已有许多学者对处理时间变化的单机调度问题进行了研究，详细研究现状见本章第二节（Alidaee and Womer, 1999；王吉波，2005；Cheng et al., 2004）。

第二节 处理时间变化的单机调度问题综述

随着对单机调度研究的不断深入,学者们发现对于许多实际问题,经典单机调度问题中将工件的处理时间视为一个常数是不够恰当的,在这种情形下,处理时间变化的单机调度问题得到重视和研究(蒋志高、董明,2011)。

一、处理时间变化的单机调度问题分类及特点

根据实际中遇到的问题,可将处理时间变化的单机调度问题分为两个分枝。一种是由于环境恶化、机器磨损或工件由于等待使自身特性降低等引起的处理时间延长的情况,这种情况下的单机调度问题称之为处理时间恶化的单机调度问题(Gupta and Gupta, 1988; Browne and Yechiali, 1990)。另一种是由于工人加工数量的增多对工件的加工技术越来越成熟或新的机器通过磨合等引起的加工时间减少的情况,这种情况下的单机调度问题称之为处理时间减少的单机调度问题。

二、处理时间变化的单机调度问题的研究现状

基于实践中的具体情况,本节分别综述了处理时间恶化的单机调度问题和处理时间减少的单机调度问题的研究现状。首先,给出相关的符号说明:

J:表示 n 个工件的集合,$J = \{J_1, J_2, \cdots, J_n\}$。

J_j:表示任一工件 J_j($j = 1, 2, \cdots, n$)。

a_j:表示工件的正常处理时间($j = 1, 2, \cdots, n$)。

p_j：表示工件的实际处理时间（$j=1, 2, \cdots, n$）。

r_j：表示工件具有不同的释放时间（$j=1, 2, \cdots, n$）。

d_j：表示工件具有不同的交货期（$j=1, 2, \cdots, n$）。

ω_j：表示工件相对于其他工件的重要程度（$j=1, 2, \cdots, n$）。

w_j：表示工件的等待时间（$j=1, 2, \cdots, n$）。

b_j：表示工件的恶化率，当所有工件恶化率相同时，$b_j = b$（$j=1, 2, \cdots, n$）。

s_j：表示工件被开始加工的时间（$j=1, 2, \cdots, n$）。

D, D_1, D_2：表示一个确定的值。

$C_{\max}$：表示所有工件中最大的完工时间。

$\sum C_j$：表示所有工件总的完工时间之和。

$\sum \omega_j C_j$：表示所有工件总的加权完工时间之和。

$\sum U_j$：表示延迟的工件数。

经典的调度问题中，处理时间常被假设为常数，然而在许多实践中，人们发现工件的处理时间会随着某些因素的改变而延长，如在钢铁工业中铸锭的加工，不同铸锭被送到加热炉达到一定温度后，出炉等待轧制，当铸锭的温度正好符合轧制的要求时，所需加工时间为常数，但如果铸锭由于等待时间过长而温度下降，这时，无论是重新加热使其满足温度要求还是在不满足温度要求的低温下加工，都将导致加工时间的增加。这种情况也常常出现在清洁工作、消防，以及病人治疗等现实问题中。这类问题统称为处理时间恶化的调度问题（Gupta and Gupta, 1988; Browne and Yechiali, 1990）。

处理时间恶化的单机调度问题最早是由 Gupta 和 Gupta（1988）以及 Browne 和 Yechiali 提出（1990）。基于此，学者们研究了不同处理时间恶化模型的单机调度问题。根据模型的不同，该问题可分为处理时间线性恶化的单机调度问题、处理时间分段线性恶化的单机调度问题和处理时间非线性恶化的单机调度问题。

处理时间线性恶化的单机调度问题是处理时间随着时间的增加而呈线性递增的趋势。Gupta 和 Gupta（1988），Browne 和 Yechiali（1990），Gawiejnowicz 和 Pankowska（1995）分别提出了处理时间依赖开始时间线性恶化的模型 $p_j = a_j + b_j s_j$。基于此，Ho 等（1993）在考虑处理时间依赖开始时间线性恶化的同时考虑了工件的交货期。Cheng 和 Ding（1998a，1998b，1999，2000，2003）提出了同时考虑交货期或释放时间和处理时间恶化模型 $p_j = a + b_j s_j$ 或 $p_j = a_j + b s_j$ 的单机调度问题，并证明了不管是具有相同的恶化率 b 还是不同的恶化率 b_j，考虑交货期或释放时间的最小化最大的完工时间的单机调度问题是 NP-hard 问题。Wang 和 Wang（2010）研究了处理时间随着开始时间线性恶化的最小化提前惩罚的单机调度问题。接着，Huang 等（2010）研究了带有不可拖期的最小化总的加权提前惩罚的单机调度问题，其中工件的处理时间是随着开始时间线性恶化的。Wang 等（2011）也研究了同样的问题，并给出了两个特例，一是带有相同加权的单调的惩罚目标，二是带有线性加权惩罚的目标。Ng 等（2010）研究了带有优先权约束和处理时间随着开始时间线性恶化的单机调度问题，其中在提前处理之后恶化率会降低的工件具有优先权。闫杨等（2008）将处理时间线性恶化和资源约束相结合考虑了单机成组排序问题。Wang 等（2008）在串并联图约束下研究了处理时间随着开始时间线性恶化的单机调度问题，证明了目标为最小化最大完工时间或最小化总的加权完工时间时，问题在多项式时间内是可解的。Pappis 和 Rachaniotis（2010）基于消防的实际背景，研究了处理时间依赖开始时间线性恶化的调度问题，目标是最小化被燃烧的面积。Lee 等（2010）研究了处理时间依赖开始时间线性恶化和两个代理同时存在的调度问题，目标是最小化总的加权完工时间。Li 等（2011）研究了交货期安排和处理时间依赖开始时间线性恶化的单机调度问题，其中交货期通过 CON 和 SLK 方法确定，目标是同时得到最优的交货期和工件安排序列使得提前、交货期安排和加权延迟工件数总的成本最小。Wang 等（2009）研究了处理时间依赖开始时间线性恶化的最小化最大完工时间的单机组调度问题，并证明了该问题可在多项式时间内得到最优解。Wei 和 Wang（2010）研究了同时带有处理时间依赖开始时间线性恶化和组技术的单机调度问题，目标是分别最小化完工时间平方的加权和以及最小化等待时间平方的加权和，根据问题的性质，给出了各自的多项式算法。Gawiejnowicz 和 Lin（2010）考虑了一部分工件的处理时间依赖于开始时间恶化，另外一部分工件的处理时间不随时间恶化的混合型的单机调度问题，目标分别是最小化最大的完工时间，总的完工时间、总的加权完工时间，最大的延迟时间以及总的延迟工件数，并在容易计算和难问题之前给出一个界。与上述文献不同，Liu 等（2011）提出了一个新的处理时间线性恶化模型 $p_j = a_j(\alpha + \beta s_j)$，并考虑了两个代理同时存在的调度问题，其中 α 和 β 是常数。同样地，Zhu 等（2010）在资源依赖和准备时间条件下，研究了具有同样处理时间线性恶化模型的单机调度问题，分别考虑了两个目标：一是在最大完工时间不能超过一个定值的条件下，最小化总的资源消耗问题可在多项式内得到最优解；二是对于总的资源消耗不超过一个定值时，最小化最大的完工时间也可在多项式时间内得到最优解。Wei 等（2012）提出了处理时间是依赖于开始时间和资源线性恶化的单机调度问题，目标分别是最小化最大的完工时间、总的完工时间、总的等待时间、总的资源成本等，并证明了对于每个问题都能在多项式时间内得到最优解。

处理时间分段线性恶化的单机调度问题是指根据不同的情况处理

时间随着时间的增加而呈分段递增的趋势。Kubiak 和 Velde（1998）首先提出了处理时间分段恶化的模型，即 $p_j = \max \{a_j, a_j + b_j(s_j - K)\}$，其中 K 是一个分割恶化的点，是一个常数。针对此模型，其他学者进行了相关的研究，如 Cai 等（1998），Kunnathur 和 Gupta（1990），Sundararaghavan 和 Kunnathur（2009），Wu 等（2009），Moslehi 和 Jafari（2010）等。

处理时间非线性恶化的单机调度问题是处理时间随着时间的增加而呈非线性递增的趋势。Wang 和 Wang（2012）研究了处理时间依赖于开始时间非线性递增，证明了基于该模型的最小化最大完工时间的单机调度问题在多项式内是可解的，以及最小化总的完工时间关于工件正常处理时间呈 V 字形。刘鹏等（2011）考虑了双代理情况下工件处理时间依赖开始时间恶化的调度问题。Cheng 等（2010）提出了工件的处理时间是之前被处理工件的正常处理时间之和的非线性函数，证明了目标分别为最小化最大的完工时间和总的完工时间时，问题可以在多项式时间内得到最优解。同时证明了在某些条件允许的情况下，最小化总加权完工时间、最大延迟也分别在多项式时间内可得到最优解。Wang 等（2011）考虑了带有处理时间是之前被处理工件的正常处理时间之和的非线性函数的最小化总完工时间调度问题，并给出了问题的混合整数规划模型，同时针对该问题提出了启发式算法对其进行求解。Voutsinas 和 Pappis（2010）提出了工件的处理时间是工件的等待时间和正常处理时间之和的非线性递增函数，目标是最小化总的工件数的成本，并提出了带有启发式算法的分枝定界算法对问题进行求解。Lai 和 Lee（2010）提出了工件的处理时间是之前被处理工件的正常处理时间之和和它的调度位置的非线性函数，同时考虑了依赖过去序列的安装时间，基于此，证明了相关目标的单机调度问题可在多项式内得到最优解。同样地，Lai 等（2011）也同时考虑了带有依赖过去序列的安装时间和工件的处理时间是之前被处理工件的正常处理时间之和和它的调度位置的非线性函数，给出了相关目标单机调度问题的多项式算法。Lai 等（2012）研究了带有处理时间是之前被处理工件的正常处理时间之和的对数函数的单机调度问题，并对相关目标的单机调度问题给出了多项式算法。Cheng 等（2011）研究了同时带有过去序列依赖的安装时间和处理时间是之前被处理工件的正常处理时间之和的对数函数，证明目标分别为最小化最大的完工时间、总的完工时间、完工时间平方之和、总的拖期时间，最大的延迟时间，问题仍然是多项式可解的。Shen 等（2013）提出了工件的处理时间是之前被处理工件的实际的处理时间之和的非线性函数，并证明了目标分别是最小化总的加权完工时间、最大的延迟以及总的拖期等问题时，对应的问题在多项式时间内是可解的。

对应于处理时间恶化的调度问题，处理时间递减的现象在实践中也被人们所关注。在许多实际的加工或制造环境中，由于重复相同或相似的工作，生产能力（机器或人等）将被不断地提高。在一个序列中后面产品将需要花费更少的时间。这种现象被称之为学习效应（Biskup，1999）。Biskup（1999）最初将学习效应引进单机调度问题，并定义了工件的实际处理时间是其正常处理时间和位置的非线性递减函数，证明了对于一些经典的调度问题，考虑学习效应后仍然能在多项式内得到最优解。接着，Mosheiov（2001）经过对带有该学习效应模型的单机调度问题研究后指出，对于加入学习效应后的某些单机调度问题的计算要比之前需要更多的努力。之后，许多学者从各个方面对此进行了研究。模型方面主要集中于处理时间分段线性递减的单机调度问题和处理时间非线性递减的单机调度问题。

处理时间分段线性递减的单机调度问题是工件的处理时间随着时间的推移呈非线性递减的趋势。Cheng 和 Wang（2000）研究了带有处理时间分段线性递减的最小化最大延迟的单机调度问题，证明了该问题是一个 NP-hard 问题。

处理时间非线性递减的单机调度问题是工件的处理时间随着时间的推移呈非线性递减的趋势。基于 Biskup（1999）的学习效应模型，Kuo 和 Yang（2006）对最小化最大完工时间和总的完工时间的单机调度问题分别进行了研究，并给出了多项式算法。Eren 和 Gǔner（2007）研究了最小化总拖期的单机调度问题，提出了 0-1 整数规划模型和基于禁忌搜索和模拟退火的算法对其进行求解。Wu 和 Lee（2007）研究了带有可用约束的单机调度问题，证明了当工件是可恢复的时候，目标分别为最小化完工时间和总的完工时间的单机调度问题可通过最短处理时间规则得到最优解，同时对于工件不可恢复的情况给出了混合整数规划模型。Eren（2007）研究了带有释放时间的最小化总的加权完工时间的单机调度问题，提出了一个非线性的数学规划模型。Lee 等（2010）研究了带有释放时间的最小化最大完工时间的单机调度问题，并给出了相应的分枝定界算法和启发式算法。Kuo 和 Yang（2006）提出了工件的处理时间是其之前工件正常处理时间之和的非线性递减函数，证明了基于该模型的最小化总的完工时间仍然是多项式可解的。基于此模型，Yang 和 Kuo（2007），Wang（2010）研究了目标分别为最小化最大的完工时间、总的完工时间等单机调度问题存在多项式解。Wu 等（2011）研究了带有准备时间的最小化总的加权完工时间的调度问题，并给出了分枝定界算法和模拟退火算法对其进行求解。Wang 等（2008）进一步指出了经典调度问题的最优调度对于该模型的调度并不是最优的，如最小化总的加权完工时间，最大延迟以及拖期工件数等。但对于一些特例仍然能在多项式时间内找到最优解。Jiang 等（2013）证明了带有该模型的目标分别为最小化最大完工时间和总的加权完工时间的单机调度问题是 NP-hard 问题。Jiang 等

（2013）证明了基于该模型的最小化最大延迟的单机调度问题是一个 NP-完全问题。进一步地，Wang（2008）提出了工件的处理时间是之前工件正常处理时间之和以及其位置的非线性函数，并结合依赖过去序列安装时间的单机调度问题进行了研究，证明了目标分别为最小化最大完工时间、总的完工时间以及完工时间二次方的和时，问题仍可在多项式时间内得到最优解。Wu 和 Lee（2008）结合工件的处理时间是之前工件正常处理时间之和以及其位置的非线性函数，证明了最小化总的加权完工时间是多项式可解的。Cheng 等（2014）基于此模型研究了目标函数分别为最小化最大完工时间和总的完成时间的单机组调度情况，对于特定的情况给出了最优调度。Kuo（2012）基于此模型研究了目标函数分别为最小化最大完工时间和总的完成时间的单机组调度情况，并给出了多项式求解算法。Yin 等（2010）基于该模型研究了带有过去序列依赖的安装时间的单机调度问题，并证明了在此模型下最小化最大的完工时间的单机调度问题等在多项式内是可解的。Janiak（2009）提出了工件的处理时间依赖于处理器经验的非线性函数，并证明了基于该模型的最小化最大完工时间是一个 NP-hard 问题。Wang 等（2010）提出了一个处理时间是之前工件正常处理时间对数和的指数的函数，证明了相关的调度问题是多项式可解的。Wang 等（2009）和 Bai 等（2012）也基于该模型研究了带有过去序列依赖的加工时间的调度问题。

除此之外，也有学者将处理时间递减和恶化相结合进行了研究（Yan et al., 2009；刘鹏等，2012；郭倩，2011；崔苗苗，2012）。

第三节 相关算法综述

一般地,优化问题可以定义如下(Blum and Roli,2003):

$$\min \backslash \max f(s), s \in S \qquad (2-1)$$

其中,f 是目标函数,$S \mapsto R^n$ 为解空间,满足所有给定约束条件的解 s 且 $s \in S$ 是一个候选解,s_i,$i=1,2,\cdots,n$ 为决策变量,可以是离散的、连续的和混合变量,n 为决策变量个数,每个决策变量有其自己的领域 D_1,D_2,$\cdots$,D_n。

根据解空间的特点,可以将优化问题分为离散问题、连续问题和组合优化问题;根据目标函数的特点,可以将优化问题分为线性的、二次的、凸(凹)的等问题;根据问题的约束条件存在与否,可将优化问题分为约束问题和无约束问题。

因此,学者们设计了各种各样的方法来求解不同类型的问题(Vel hoetal.,2008)。总体说来,这些方法可以分为精确算法和近似算法。但是当优化问题是 NP-hard 问题时,精确算法的求解时间是指数增长的,这在实际应用中是无法接受的。因此,过去几十年来近似算法一直很受关注。

一、精确算法综述

精确算法是指可以求得问题最优解的算法。本节着重介绍分枝定界算法。

1960 年,Land 和 Doig(1960)提出了分枝定界(Branch and Bound,B&B)算法。它是求解整数规划或混合整数规划问题常用的方法之一,是一种系统地搜索解空间的方法，属于隐枚举算法。其基本思想是：在不断搜索过程中，每个活结点有且仅有一次机会变成当前活结点；当一个节点变为当前活结点时，则生成从该节点移动一步即可到达的所有新节点；在生成的节点中，抛弃不可能导出最优解的节点，其余节点加入活结点表，然后从表中选择一个节点作为当前活结点；从活结点表中取出所选择的节点进行扩充，直到找到解或活动表为空，此时，算法结束。

（一）选择当前活结点的常用方法

第一，先进先出法（广度优先搜索），即从活结点表中取出节点的顺序与加入节点的顺序相同，因此活结点表的性质与队列相同。

第二，最小耗费或最大收益法，即在这种情况下，每个节点都有一个对应的耗费或收益。如果查找一个具有最小耗费的解，则活结点表可用最小堆来建立，下一个当前活结点是具有最小耗费的活结点；如果希望搜索一个具有最大收益的解，则可用最大堆来构造活结点表，下一个当前活结点是具有最大收益的活结点。

（二）分枝定界法步骤（周康等，2007）

Step 1：放宽或取消原问题的某些约束条件。令活结点表等于 $\{O\}$（O 代表原问题），上界 U 等于 $+\infty$，当前最好的解等于 Φ。

Step 2：若活结点表等于 Φ，则转 Step 7，否则，从活节点表中选择一个分枝点 k，并从活结点表中删除 k。

Step 3：解点 k 对应的松弛问题，若此问题无解，转 Step 2。

Step 4：若点 k 对应的松弛问题的最优值 $z_k \geq U$，则点 k 被剪枝，转 Step 2。

Step 5：若点 k 对应的松弛问题的最优解 x^k 满足要求（此时一定

有 $z_k < U$），则上界 U 等于 z_k，当前最好的解等于 x^k，转 Step 2。

Step 6：若点 k 对应的松弛问题的最优解 x^k 不满足要求，则对其剪枝，转 Step 2。

Step 7：若当前最好的解等于 Φ，U 等于 $+\infty$，则原问题无解，否则，当前最好的解 U 即为原问题的最优解，算法停止。

（三）分枝定界法研究现状

分枝定界算法自 1960 年提出之后，经过改进被广泛应用到综合评价（喻登科，2012）、数据相关的多维安排问题描述（Larsen，2012）、最大化多样性问题（Marti and Gallego，2010）、最大团问题（马红平，2002）、流水线制造单元调度问题（Bouabda et al.，2011）、控制系统（叶凌箭、宋执环，2012；陈明伟等，2012）。

二、近似算法综述

在精确算法解决问题的过程中，由于问题维数的增大，使计算需要耗费大量的时间，甚至无法接受。于是，近似算法由此而生。尽管近似算法不能保证求得优化问题的最优解，但相对于精确算法，它可以减少大量的计算时间。

对于调度问题，启发式规则和亚启发式算法是常被作为解决调度问题的方法。

启发式规则，又称分派规则或优先级规则。基本思想是根据工件或机器的属性按优先级来分配工件被加工的先后顺序。

亚启发式算法是近似算法中较著名的算法，它能够求得优化问题的满意解。亚启发式算法克服了近似算法中的局部搜索算法（Local Search Algorithm）和其改进版本——迭代局部搜索算法（Iterative Local Search Algorithm）易陷入局优的缺点。当问题维数增加时，局部搜索算法的计算复杂度也随之增加,即局优点指数增长[114]。

亚启发式算法可以求解各类优化问题,启发式算法可以定义为"应用不同方法搜索解空间的高水平策略"或"如何使用历史搜索产生新解和从已产生的解中提取必要的信息的整合思想"(Yagiura and Ibaraki, 2001)。亚启发式算法主要是通过允许算法向不好解的方向移动或是通过更好的方法产生初始解来避免算法陷入局部最优解的缺点。

亚启发式算法的简单易实现、鲁棒性强且灵活的特点,使其在各研究领域受到广泛关注。如 Metropolis 等(1953)首次提出模拟退火算法(Simulated Annealing, SA),Holland(1975)首次提出的遗传算法(Genetic Algorithms, GA),Glover 提出的禁忌搜索算法(Tabu Search, TS)(1977),Colorni 等(1991)提出的蚁群优化算法(Ant Colony Optimization, ACO),Kennedy 和 Eberhart(1995)提出的粒子群优化算法(Particle Swarm Optimization, PSO),Mladenović 和 Hansen(1997)提出的变邻域搜索算法(Variable Neighborhood Search, VNS),Geem 等(2001)提出的和声搜索算法(Harmony Search algorithm, HS)等。2000 年 Shi 和 Ólafsson(2000)提出了一种全局搜索算法——嵌套分割(Nested Partitions, NP)方法,已经吸引了国内外众多学者的关注,并将其成功应用到很多领域。

(一)启发式规则简述

启发式规则可分为静态规则和动态规则。静态规则与时间无关,它们只是工件和(或)机器数据的函数;动态规则则与时间相关(张智海,2007)。在启发式规则中,基本规则是工件和(或)机器属性的函数。属性可能是和工件相关或和机器相关的性质,既可能是不变的也可能是和时间相关的。工件的属性通常包括加工时间、释放时间、工期等;机器的属性常包括加工速度、等待加工的工件数量以及在等待队列中的加工量总和等。既定的属性将影响工件总体优先级的程度由所使用的基本规则和它的比例参数所决定。在单机调度求解问题中，常用到的启发式规则有最短处理时间规则（Shortest Processing Time，SPT）、最长处理时间规则（Longest Processing Time，LPT）、最早优先规则（Earlist Release Date，ERD）以及最早交货期规则（Earlist Due Date，EDD）等。

最短处理时间规则：工件在机器上被加工的序列按照工件的处理时间非递减排列。

最长处理时间规则：与最短处理时间规则正好相反，工件在机器上被加工的序列按照工件的处理时间非递增排列。

最早优先规则：工件在机器上被加工的序列按照工件的释放时间非递减排列。

最早交货期规则：工件在机器上被加工的序列按照工件的交货期非递减排列。

上述规则并不是在所有的调度问题中都可以使用，有些规则只能在特定情况的给定条件下应用，并且都会在一定的机器环境中得到最优调度，在其他情况下也会得到合理的启发式解。所有启发式规则都可以应用到环境更为复杂情况中。

(二) 嵌套分割方法综述

嵌套分割方法首先是由 Shi 和 Ólafsson（2000）受到分枝定界法求解具有有限可行域优化问题的启发，提出的一种新的全局优化算法。既可解决具有有限可行域的离散组合优化问题，也可解决可行域是可数无限的或不可数有界的优化问题。

1. 嵌套分割方法的原理

首先，考虑下面的优化问题：设问题的有限可行域为 Θ，目标是

优化目标函数 $f: \Theta \to R$,即:

$$\min_{\theta \in \Theta} f(\theta) \tag{2-2}$$

其中,$|\Theta| < +\infty$。若该问题有最优解 $\theta_{opt} \in \Theta$,则对任意的 $\theta \in \Theta \setminus \{\theta_{opt}\}$,满足 $f(\theta_{opt}) \leqslant f(\theta)$。对于嵌套分割方法,$f(\theta)$ 可以为任意符合实际需要的形式。

为更好地理解嵌套分割方法,首先给出嵌套分割方法中涉及的概念:

全域(The Whole Region):问题的所有可行解组成的集合称为全域,用 Θ 表示。

深度(Depth):由原有限可行域到达一个可行域的分割层称为深度,用 d 表示。

子域(Subregion)和母域(Super-region):如果一个可行域 $\sigma \in \Theta$ 是通过分割可行域 $\eta \in \Theta$ 得到的,则称 σ 为 η 的子域,η 为 σ 的母域。

单解域(Singleton Solution Region):对于离散系统来说,只含有单个解的可行域称为单解域。

最可能域(The Most Promising Region):最有可能包含最优解的子域称为最可能域,用 $\sigma(d)$ 表示,当算法初始时,最可能域为全域。

裙域(Surrounding Region):在当前深度,除最可能域之外的其他子域组成的集合称为裙域,用 Ω 表示。

品质指标或目标(Promising Index):用来选择最有可能包含最优解的最可能域的指标。

此外,嵌套分割方法包括四个基本的元素:分割(Partition)、抽样(Sampling)、选区(Selection)和回溯(Backtracking)。

分割:根据具体问题的特点,将当前最可能域 $\sigma(d)$ 分割为 $M_{\sigma(d)}$ 个子域 $\sigma_1(d), \sigma_2(d), \cdots, \sigma_{M_{\sigma(d)}}(d)$,并将 $\sigma(d)$ 以外的

所有区域 $\Theta \setminus \sigma(d)$ 合并为一个区域，即裙域 Ω。此时，共有 $M_{\sigma(d)}+1$ 个分割区域。当深度 $d=0$ 时，整个可行域看作最可能域，即 $\sigma(0)=\Theta$。在整个算法过程中，对最可能域的分割策略应保持一致。

抽样：从每个根据分割算子得到的子域 $\sigma_j(d)$ 中随机选择 N_j 个抽样 $\theta_1^{(j)}, \theta_2^{(j)}, \cdots, \theta_{N_j}^{(j)}$，$j=1, 2, \cdots, M_{\sigma(d)}+1$。并计算每个域上的品质指标。其中每个区域中每个点被选择的概率大于 0。

选区：通过比较各域上的品质指标，选择具有最小值的域：

$$\hat{j}_d = arg\ min\ \hat{I}(\sigma_j(d)), j=1, 2, \cdots, M_{\sigma(d)}+1 \qquad (2-3)$$

若 $\hat{j}_d \leq M_{\sigma(d)}$，即当前最可能域的某一子域具有最小目标值，则该子域作为下一步的最可能域；$\hat{j}_d = M_{\sigma(d)}+1$，则算法需要回溯。

回溯：当裙域 Ω（即 $M_{\sigma(d)}+1$）被认为是最可能域时，则算法需要回溯到包含当前最可能域的母域或更大的域中，并作为下一步的最可能域。

综上，嵌套分割方法的基本思想是：在算法的第 d 次迭代中，若认为 $\sigma(d) \subseteq \Theta$ 是包含 θ_{opt} 的最可能域，则采用分割策略将 $\sigma(d)$ 分割为 $M_{\sigma(d)}$ 个子域，并把 $\Theta \setminus \sigma(d)$ 合并成一个裙域 Ω，此时，得到 $M_{\sigma(d)}+1$ 个互不相交的可行域 Θ 的子集（注：深度为 0 时没有裙域）。然后在得到的每个区域 $\sigma_j(d)$（$j=1, 2, \cdots, M_{\sigma(d)}+1$）上利用抽样算子随机抽取 N_j 个抽样 $\theta_1^{(j)}, \theta_2^{(j)}, \cdots, \theta_{N_j}^{(j)}$，$j=1, 2, \cdots, M_{\sigma(d)}+1$。计算每个子域对应的品质指标，选出可能包含最优解的子域作为下一个迭代的最可能域，再次进行分割当前最可能域，抽样并选区，重复上述步骤直到得到的域为单解域。若裙域被认为是最可能域，则算法需回溯到包含当前最可能域的母域或更大的域中，继续进行分割、抽样和选区。嵌套分割方法的基本流程如图 2-1 所示。

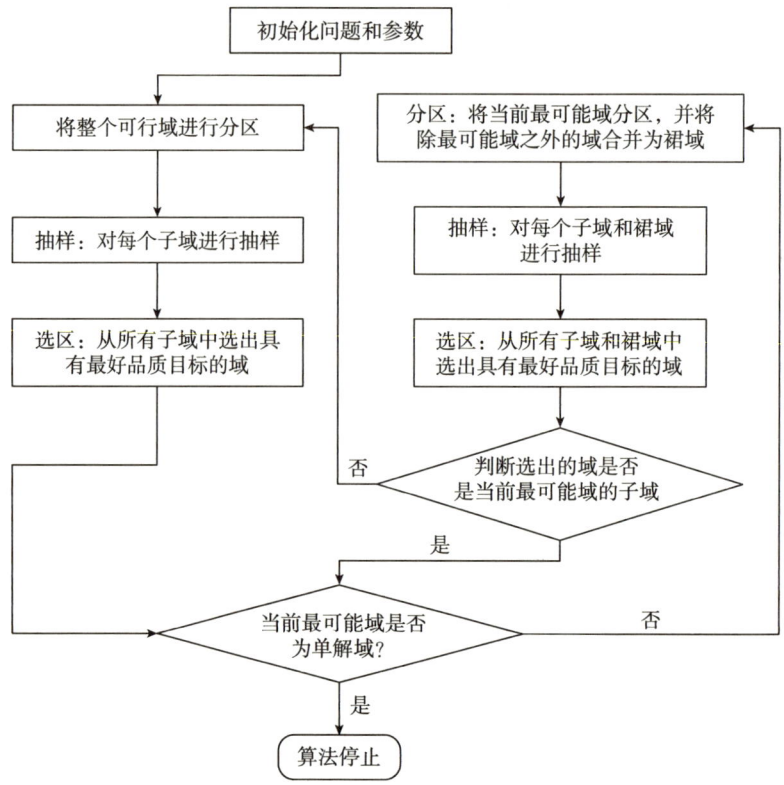

图 2-1 嵌套分割算法流程

2. 嵌套分割方法的步骤

Step 1：初始化。设初始最可能域为全域，ϕ 为初始裙域。

Step 2：分割和停止规则。如果当前最可能域为一个单解域，则算法停止，返回至今为止最好的解；否则，将当前最可能域按照分割策略分割为若干个子域。

Step 3：抽样。按照抽样规则从各子域和裙域中抽取样本并计算其品质指标。

Step 4：选区。从子域和裙域中选择最可能域，若所选最可能域是裙域，转 Step 5；否则，转 Step 2。

Step 5：回溯。若选择的最可能域是裙域，算法将回溯到包含当前最可能域的母域或更大的域，如果算法总是回溯到同一域，可设定适当的条件使其停止。

3. 嵌套分割方法的理论分析

在嵌套分割过程中，算法的核心任务是依据当前各个域抽样的信息，从一个可行子域转移到另一个可行的子域。设 $\sum = \{\sigma(d)\}$，$\sum_0 = \{\sigma^*(d) \in \sum\}$，其中 $\sigma^*(d)$ 是具有最大深度的域。根据算法的不断分割寻优产生了一个以 $\sum$ 作为状态空间的马尔科夫链 $\{\sigma(d)\}_{d=0}^{\infty}$。基于此，可得到下面的定理。

定理 2-1 当且仅当马尔科夫链 $\{\sigma(d)\}_{d=0}^{\infty}$ 的一个状态 $\xi \in \sum_0$ 和 $\xi = \{\theta^*\}$ 时，ξ 是该马尔科夫链的一个吸收状态。其中 θ^* 是原优化问题的全局最优解。

设 $\xi = \sigma(k) \in \sum_0$，且 $\xi = \{\theta^*\}$，有 $f(\theta^*) \leq f(\theta)$，$\forall \theta \in \Theta$。在马尔科夫链 $\{\sigma(d)\}_{d=0}^{\infty}$ 中，由 ξ 状态开始，下一步仍转移到状态的转移概率为：

$$P_{\xi\xi} = P\{\hat{I}(\xi) \leq \hat{I}(\Theta \setminus \xi)\} = P\{f(\theta^*) \leq \hat{I}(\Theta \setminus \xi)\} = 1 \quad (2-4)$$

因此，ξ 是一个吸收状态。

如果马尔科夫链的起始状态不是最大深度域，则会转移到当前最可能域的一个子域，或回溯到包含当前最可能域的一个更大的域，而转移到同一个状态的概率为 0。所以，吸收状态必定是最大深度域。

对不包含全局最优解的最大深度域 $\eta = \{\hat{\theta}\} \in \sum_0$，存在 $\theta^* \in \Theta \setminus \eta$，使 $f(\theta^*) \leq f(\hat{\theta})$，则马尔科夫链从状态 η 开始，转移到 η 以外的状态的转移概率为：

$$P_{\eta\Theta\setminus\eta} = P\{\hat{I}(\Theta\setminus\eta) < \hat{I}(\eta)\} = P\{\hat{I}(\Theta\setminus\eta) < f(\hat{\theta})\} \geqslant P\{\theta^*\} \geqslant 0 \tag{2-5}$$

其中，θ^* 是从 $\Theta\setminus\eta$ 中随机选择的点。

因此，η 不是一个吸收状态，而只是一个过渡状态。由于全局最优解所处的最大深度是马尔科夫链 $\{\sigma(d)\}_{d=0}^{\infty}$ 的吸收状态，当马尔科夫链一旦到达这种状态，它将不会转移到其他状态。马尔科夫链中存在很多过渡状态，所以要经过有限次的转移，才能由过渡状态达到吸收状态。

定理 2-2 用嵌套分割方法求解最优化问题 $\theta^* \in \arg\min_{\theta\in\Theta} f(\theta)$ 时，它能够在有限步内以概率 1 收敛于全局最优解，即存在 $d < \infty$，使 $P\{\sigma(k) = \{\theta^*\}\} = 1$，$\forall k \geqslant K$。

由此可说明，嵌套分割方法具有坚实的数学理论基础，可用来解决实际中复杂的优化问题，尤其是离散优化问题。

4. 嵌套分割方法的特点

嵌套分割方法主要是通过对可行域进行逐级细分，直到分解到单解域时，算法停止。它具有把全局搜索和局部搜索结合在一起，并可以同时在各个子域和裙域中进行搜索。因此，嵌套分割方法具有易操作性、并行性、全局性等显著的优点。它被证明能够解决许多复杂系统的确定性和随机性优化问题，并具有很高的计算效率。

此外，嵌套分割算法对于分割策略、抽样策略、品质目标以及回溯策略没有限制，可以根据具体问题的特点对上述策略进行设计，因此，嵌套分割方法具有很好的开发性。

5. 嵌套分割方法的研究现状

嵌套分割方法的出现，引起了不同领域的学者对其进行广泛的关注和研究。目前，它被广泛应用于旅行商问题（刘昌军等，2008）、生产设计等问题（Shi et al., 2001）、非线性预控制（Chauhdry and Luh, 2012）、多模式集成的选址问题（Chen et al., 2009）、函数优化问题（宋建强、马良，2011）、银行选址问题（Xia et al., 2001）、数据库中知识发现（Ólafsson and Yang, 2005）、供应链优化问题（Yoo et al., 2010）、局域接送问题和离散能力定位问题（Pi et al., 2008）、生产线上最优缓冲分配问题（Shi and Men, 2003）、大规模多商品设施选址问题（Shi et al., 2004）、随机优化问题（Shi and Ólafsson, 2010）、多维背包问题（Shihabi and Ólafsson, 2010）等领域且表现出很好的性能，显示了嵌套分割方法是一种具有较强的鲁棒性、柔性、很强的适应性的全局优化方法。

本章小结

为更好地适应实际调度问题的需要，研究处理时间恶化的单机调度问题是调度研究中不可或缺的一部分，对实际的调度问题提供了一个借鉴。因此，已有学者对此进行研究，并取得一定的成果，为其进一步研究奠定了基础。本章在查阅国内外大量文献的基础上，首先对单机调度问题的定义、特点进行了简述，并对处理时间变化的单机调度问题分类、特点及研究现状进行了详细的综述，最后，对本书求解问题涉及的算法进行了综述，主要综述了分枝定界算法、启发式规则和嵌套分割方法，为后续研究打下坚实的理论基础。

第三章
处理时间依赖开始时间恶化的单机调度问题

在经典的调度中，工件的处理时间常被假设为常数。但随着工业不断发展以及研究理论的进一步深入，人们发现工件的处理时间不总是一个常数，在某些情况下，工件的处理时间是随着时间不断变化的。如在钢铁企业的生产过程中，对于具有不同释放时间且加工具有温度要求的工件，温度要求满足被加工的状态以及机器处于高效率状态时，加工时间为既定的常数。但由于工件的加工，机器效率在逐渐下降，后续被加工的工件的加工时间将随着开始时间的推迟而逐渐增加。

对于上述问题本章分别进行了以下研究：

一是对于工件具有不同释放时间和恶化率相同的工件环境，研究了工件具有不同释放时间和相同恶化率的单机调度问题，目标是最小化最大完工时间。该问题属于 NP-complete 问题。针对该问题，建立了混合整数规划模型，并采用 ILOG 软件包求解了该模型，实验结果与已有文献提出的分枝定界算法和启发式算法进行了对比，结果验证了模型的有效性。

二是对于工件具有不同释放时间和恶化率不同的工件环境，研究了工件具有不同释放时间和不同恶化率的单机调度问题，目标是最小化最大完工时间。该问题属于 NP-complete 问题。针对该问题，主要工作是：①建立了混合整数规划模型，并采用 ILOG 软件包求解了该模型；②提出了基于优先支配性质和下界的分枝定界算法，并获得问题的最优解；③由于当问题规模增大时，分枝定界算法需要耗费大量的时间才能得到问题的最优解，因此，提出了规则引导的嵌套分割方法并获得了问题的近优解；④对所提的模型和算法进行了对比分析，结果表明所提出的模型和算法是有效的。

第一节 基于相同恶化率的单机调度问题

对于加工带有不同释放时间和恶化率相同的工件环境，Cheng 和 Ding（1998b）首先证明了工件具有不同释放时间和相同恶化率的最小化最大完工时间的单机调度问题是一个 NP-complete 问题。之后，Lee 等（2008）提出了分枝定界算法和启发式算法对该问题进行了求解，结果表明当问题规模为 28 时，所提出的分枝定界算法需两个小时以上才能得到问题的最优解，而启发式算法能够得到问题的近优解。为了满足在更短的时间内得到该问题更大规模的最优解，提出了问题的混合整数规划模型，并通过 ILOG 软件包得到了问题的最优解。通过与 Lee 等（2008）的算法对比，验证了所提模型的有效性。

一、问题描述

首先，给出下列参数定义：

$J = \{J_1, J_2, \cdots, J_n\}$：表示需要被加工的工件集合。

a_j：表示工件 J_j（$j=1,2,\cdots,n$）正常的处理时间（$a_j>0$）。

r_j：表示工件 J_j（$j=1,2,\cdots,n$）的释放时间（$r_j\geqslant 0$）。

b：表示所有工件的恶化率（$b>0$）。

s_j：表示工件 J_j 开始被加工的时间。

p_j：表示工件 J_j 的实际处理时间，即 $p_j=a_j+bs_j$。

$C_j(S)$：表示在调度 S 中工件 J_j 的完工时间。

$C_{\max}$：表示最大完工时间。

假设机器每次只能加工一个工件，每个工件只加工一次，工件无优先权，且一旦开始加工工件将不可打断，直到处理完该工件。

基于以上假设，工件具有不同释放时间和相同恶化率的最小化最大完工时间的单机调度问题可以描述为：对于 n 个带有释放时间，处理时间，恶化率的工件 J_j（$j=1,2,\cdots,n$）需要在机器上被加工，目标是找到一个最优的调度 S^* 使得最大完工时间 $C_{\max}$ 最小。应用三参数方法[4]，可将该问题表示为 $1|p_j=a_j+bs_j,r_j|C_{\max}$。

二、数学模型

为更好地描述数学模型，参数和决策变量定义如下：

参数：

a_j：表示工件 J_j 的正常处理时间，$a_j>0$（$j=1,2,\cdots,n$）。

r_j：表示工件 J_j 的释放时间，$r_j>0$（$j=1,2,\cdots,n$）。

b：表示工件的恶化率，$b>0$（$j=1,2,\cdots,n$）。

决策变量：

$a_{[k]}$：表示位置 k 工件的正常处理时间（$k=1,2,\cdots,n$）。

$r_{[k]}$：表示位置 k 工件的释放时间（$k=1,2,\cdots,n$）。

$s_{[k]}$：表示位置 k 工件的开始时间（$k=1,2,\cdots,n$）。

$p_{[k]}$：表示位置 k 工件的实际处理时间（$k=1,2,\cdots,n$）。

$C_{[k]}$：位置 k 工件的完成时间（$k=1, 2, \cdots, n$）。

z_{jk}：如果工件 J_j 在位置 k 被加工，则取值为1，否则，为0。如式（3-1）所示。

$$z_{jk} = \begin{cases} 1 & J_j \text{ 在位置 } k \text{ 被加工} \\ 0 & \text{其他} \end{cases} \tag{3-1}$$

基于上述参数和变量，问题的混合整数规划模型如下：

$$\text{Min} \quad C_n \tag{3-2}$$

$$\sum_{j=1}^{n} z_{jk} = 1, \quad k=1, 2, \cdots, n \tag{3-3}$$

$$\sum_{k=1}^{n} z_{jk} = 1, \quad j=1, 2, \cdots, n \tag{3-4}$$

$$a_{[k]} = \sum_{j=1}^{n} z_{jk} a_j, \quad k=1, 2, \cdots, n \tag{3-5}$$

$$r_{[k]} = \sum_{j=1}^{n} z_{jk} r_j, \quad k=1, 2, \cdots, n \tag{3-6}$$

$$p_{[k]} = a_{[k]} + b s_{[k]}, \quad k=1, 2, \cdots, n \tag{3-7}$$

$$s_{[k]} \geq r_{[k]}, \quad k=2, 3, \cdots, n \tag{3-8}$$

$$s_{[k]} = r_{[k]}, \quad k=1 \tag{3-9}$$

$$s_{[k]} \geq C_{[k-1]}, \quad k \neq 1 \tag{3-10}$$

$$C_{[k]} = s_{[k]} + p_{[k]}, \quad k=1, 2, \cdots, n \tag{3-11}$$

$$z_{jk} = \begin{cases} 1 & J_j \text{ 在位置 } k \text{ 被加工} \\ 0 & \text{其他} \end{cases} \quad (j=1, 2, \cdots, n; k=1, 2, \cdots, n) \tag{3-12}$$

式（3-2）是目标函数，最小化最大的完工时间；式（3-3）是保证每个工件仅被加工一次；式（3-4）是保证每个位置仅有一个工件被加工；式（3-5）是在位置 k 被加工工件的正常处理时间；式（3-6）是在位置 k 被加工工件的释放时间；式（3-7）是在位置 k

被加工工件的实际处理时间；式（3-8）是保证工件开始被加工的时间大于或等于它的释放时间；式（3-9）是在第一个位置被加工的工件等于它的开始时间；式（3-10）是除第一个位置之外的其他位置上被加工工件的开始时间大于或等于位于它前一位置工件的完工时间；式（3-11）是位置 k 被加工工件的完工时间等于它的开始时间与实际处理时间之和；式（3-12）表示工件 J_j 是否在位置 k 被加工，若加工，则 z_{jk} 为 1，否则为 0。

三、模型求解

ILOG 是法国 ILOG 公司开发的一个软件包，提供强大灵活的高性能优化程序。它能够处理有数百万个约束和变量的问题，现在 ILOG 已发展成为用来求解线性规划、混合整数规划、二次规划、二次约束规划、混合整数二次规划、混合整数二次约束规划以及大规模离散组合优化问题的有效优化工具。同时，许多非线性问题和随机问题也可通过适当的转换得以解决。

ILOG 是一个建模、解模、应用的工具包，它有自己的算法引擎 CPLEX/CP Optimizer，建模工具 OPL（Optimization Programming Language）Studio 和可视化应用开发工具，从而完成一体化的优化系统。其中 OPL Studio 提供了简洁的程序语言，OPL 的特殊数据结构 tuple 提供了类似于数据库的存储方式，有效地缩短了建模时间。而且 OPL 的数据和模型存储在不同的文件中，便于模型的调试和数据的维护。

因此，本节采用 ILOG OPL 进行编程来求解工件具有不同释放时间和相同恶化率的单机问题。OPL 程序语言代码如下：

```
{int} jobs = …;
{int} locations = …;
```

int processing_time[jobs] = ...;
float release_time[jobs] = ...;
float deterioration_rate = ...;
dvar boolean bigz[jobs][locations];
dvar float + ptime[jobs][locations];
dvar float + completion_time[locations];
dvar float + start_time[jobs][locations];
dvar float + rtime[jobs][locations];
dvar float + processing_actualtime[jobs][locations];
minimize completion_time[n];
subject to {

forall(j in jobs) sum(k in locations) bigz[j][k] == 1;

forall(k in locations) sum(j in jobs) bigz[j][k] == 1;

forall(j in jobs, k in locations) rtime[j][k] == bigz[j][k] * release_time[j];

forall(j in jobs, k in locations) ptime[j][k] == bigz[j][k] * processing_time[j];

forall(j in jobs, k in locations) processing_actualtime[j][k] == ptime[j][k] + deterioration_rate * start_time[j][k];

forall(k in locations, j in jobs) processing_actualtime[j][k] >= 0;

forall(j in jobs, k in locations) start_time[j][k] >= rtime[j][k];

forall(j in jobs) start_time[j][1] == rtime[j][1];

forall(j in jobs) completion_time[1] == sum(j in jobs) (rtime[j][1] + processing_actualtime[j][1]);

forall(k in locations：k！ = 1, j in jobs) sum(j in jobs) start_time[j][k] > = completion_time[k - 1];

forall(k in locations：k！ = 1, j in jobs) completion_time [k] > = sum(j in jobs) start_time[j][k] + sum(j in jobs) (processing_actualtime[j][k]);
}

根据上述 OPL 语言，以工件数为 10 为例，表 3 - 1 给出问题对应的决策变量 z_{jk} 的取值，表 3 - 2 给出对应于表 3 - 1 中 z_{jk} 为 1 时，$a_{[k]}$、$r_{[k]}$、$s_{[k]}$、$p_{[k]}$、$C_{[k]}$ 的值。

表 3 - 1 决策变量 z_{jk} 的取值

取值	z_{jk}（OPL 语言中的 bigz [jobs] [locations]）									
	k = 1	k = 2	k = 3	k = 4	k = 5	k = 6	k = 7	k = 8	k = 9	k = 10
j = 1	0	0	0	1	0	0	0	0	0	0
j = 2	1	0	0	0	0	0	0	0	0	0
j = 3	0	0	0	0	1	0	0	0	0	0
j = 4	0	0	0	0	0	1	0	0	0	0
j = 5	0	1	0	0	0	0	0	0	0	0
j = 6	0	0	1	0	0	0	0	0	0	0
j = 7	0	0	0	0	0	0	1	0	0	0
j = 8	0	0	0	0	0	0	0	1	0	0
j = 9	0	0	0	0	0	0	0	0	0	1
j = 10	0	0	0	0	0	0	0	0	1	0

表 3 - 2 其他决策变量的取值

模型变量	$a_{[k]}$	$r_{[k]}$	$s_{[k]}$	$p_{[k]}$	$C_{[k]}$
OPL 变量	ptime [j] [k]	rtime [j] [k]	start_time [j] [k]	processing_actualtime [j] [k]	C [k]
k = 1	45	111.61	111.61	67.32	178.93
k = 2	96	159.14	208.03	137.61	345.64
k = 3	91	307.05	345.64	160.13	505.77

续表

模型变量	$a_{[k]}$	$r_{[k]}$	$s_{[k]}$	$p_{[k]}$	$C_{[k]}$
OPL 变量	ptime [j] [k]	rtime [j] [k]	start_time [j] [k]	processing_actualtime [j] [k]	C [k]
k = 4	38	505.77	505.77	139.15	644.92
k = 5	31	644.29	644.92	159.18	804.91
k = 6	17	710.87	804.91	177.98	982.89
k = 7	95	712.44	982.89	291.58	1274.50
k = 8	81	1150.10	1274.50	335.89	1610.40
k = 9	54	1391.20	1610.40	376.07	1986.40
k = 10	87	1210.00	1986.40	484.29	2470.70

四、结果对比分析

为验证上述模型的有效性，本节做了如下测试。与 Lee 等（2008）相同，本节依据 Chu（1992）提出的产生带有不同释放时间的随机数据框架设置了算法数据：工件的正常处理时间通过 a_j 由（1，100）均匀分布随机产生；释放时间 r_j 服从（0，$50.5n\lambda$）均匀分布，其中 n 表示需加工工件的数目，λ 为控制变量，λ 分别取 0.2、1.0、3.0；恶化率 b 分别取 0.1、0.25。算法采用 C++ 语言实现，运行环境为 Intel(R) Core(TM) i7-2600CPU 3.40GHz PC 台式机。

首先通过小规模测试了所提模型，设工件规模为 10，测试了 Lee 等（2008）所提的 B&B 算法和 ILOG 结果，并将结果记录在表 3-3。从表 3-3 可知，B&B 算法和 ILOG 在不同情况下所得结果是相同的。从而验证了所提模型的有效性。

表 3-3 B&B 和 ILOG 的结果对比

n	λ	b	目标函数值（最大完工时间）		CPU 时间（s）	
			B&B	ILOG	B&B	ILOG
10	0.2	0.10	736.9	736.9	0.03	3.01

续表

n	λ	b	目标函数值（最大完工时间）		CPU 时间（s）	
			B&B	ILOG	B&B	ILOG
		0.25	1951.8	1951.8	0.01	2.40
	1.0	0.10	953.9	953.9	0.02	3.56
		0.25	2763.8	2763.8	0.01	2.36
	3.0	0.10	3315.0	3315.0	0.02	4.48
		0.25	4085.4	4085.4	0.01	5.79

表 3-4 LHA 和 ILOG 的结果对比

n	λ	b	目标函数值（最大完工时间）		CPU 时间（s）	
			LHA（最好解）	ILOG（最优解）	LHA	ILOG
30	0.2	0.10	6451.7	5358.9	0.51	9.84
		0.25	155531.3	127208.2	0.51	8.81
	1.0	0.10	7825.7	7501.8	0.50	9.98
		0.25	165673.3	161908.8	0.51	9.45
	3.0	0.10	13491.0	13195.0	0.59	14.37
		0.25	317677.6	311317.9	0.54	11.01
50	0.2	0.10	32186.8	25369.7	1.46	32.64
		0.25	11619338.5	9043595.2	1.51	16.53
	1.0	0.10	60610.9	57237.9	1.48	27.12
		0.25	12300829.0	11238668.4	1.49	17.18
	3.0	0.10	115445.2	113180.7	1.52	21.92
		0.25	24944259.5	24508678.8	1.50	20.90
70	0.2	0.10	279266.67	231031.8	3.45	41.95
		0.25	678468018.2	558468294.6	3.34	42.96
	1.0	0.10	331931.4	315023.4	3.41	53.98
		0.25	1081147357.0	916848748.0	3.45	40.87
	3.0	0.10	642609.2	633665.1	3.46	50.87
		0.25	2461254980.0	2439164607.0	3.35	35.15

由于 Lee 等（2008）提出的分枝定界算法当问题规模为 28 时，算

法的运行时间超过两小时才能得到问题的最优解,由此,对于大规模问题仅对 Lee 等(2008)提出的启发式算法(LHA)和 ILOG 结果进行了对比。设 3 个不同规模的算例,即 $n=30,50,70$。根据上述数据,在表 3 – 4 中分别记录了 LHA 和 ILOG 所得到的目标值和运行时间。

由表 3 – 4 中的数据可知,从运行时间看,ILOG 能够在较短的时间内获得问题的最优解,甚至在问题规模为 70 时,所需时间最长也未超过 54s,LHA 算法所需时间最长未超过 4s;从解的效率看,LHA 算法在大多数情况(如表阴影部分)下都未能得到最优解,而 ILOG 求得的是最优解。

基于以上分析,当问题规模不大于 70 时,ILOG 能够在较短的时间内得到问题的最优解。进一步验证了所提模型的有效性。因此,ILOG 对于求解工件具有不同释放时间和相同恶化率的最小化最大完工时间的单机调度问题是非常有效的,对于需要在短时间内获得最优解的决策者来说,是一个较好的选择。

第二节 基于不同恶化率的单机调度问题

在实际的生产中,所有的工件并不都具有相同的恶化率,如在钢铁生产过程中,不同的铸锭恶化率显然是不同的。因此,本节研究了工件具有不同释放时间和不同恶化率的最小化最大完工时间的单机调度问题。该问题被证明了是一个 NP-complete 问题(Cheng and Ding,1998b)。针对此问题,首先,给出了一个混合整数规划模型。其次,提出了基于优先支配性质和下界的分枝定界算法并获得了问题的最优解；但由于分枝定界算法在求解大规模问题时，需要耗费较长的时间，进而提出了规则引导的嵌套分割方法并获得问题的近优解。最后给出了几种算法的比较和分析，验证了所提模型和算法的有效性。

一、问题描述

首先，给出下列参数定义：

$J = \{J_1, J_2, \cdots, J_n\}$：表示需要被加工的工件集合。

a_j：表示工件 J_j ($j=1, 2, \cdots, n$) 正常的处理时间（$a_j > 0$）。

r_j：表示工件 J_j ($j=1, 2, \cdots, n$) 的释放时间（$r_j \geq 0$）。

b_j：表示工件 J_j ($j=1, 2, \cdots, n$) 的恶化率（$b_j > 0$）。

s_j：表示工件 J_j 开始被加工的时间。

p_j：表示工件 J_j 的实际处理时间，即 $p_j = a_j + b_j s_j$。

$C_j(S)$：表示在调度 S 中工件 J_j 的完工时间。

$C_{\max}$：表示最大完工时间。

假设机器每次只能加工一个工件，每个工件只加工一次，工件无优先权，且一旦开始加工工件将不可打断，直到处理完该工件。

基于以上假设，工件具有不同释放时间和不同恶化率的最小化最大完工时间的单机调度问题可以描述为：对于 n 个带有释放时间，处理时间，恶化率的工件 J_j ($j=1, 2, \cdots, n$) 需要在机器上被加工，目标是找到一个最优的调度 S^* 使得最大完工时间 $C_{\max}$ 最小。应用三参数方法（Graham et al., 1979），可将该问题表示为 $1 | p_j = a_j + b_j s_j, r_j | C_{\max}$。

二、数学模型

为更好地描述数学模型，参数和决策变量定义如下：

参数：

a_j：表示工件 J_j 的正常处理时间，$a_j > 0$ ($j = 1, 2, \cdots, n$)。

r_j：表示工件 J_j 的释放时间，$r_j > 0$ $(j = 1, 2, \cdots, n)$。

b_j：表示工件的恶化率，$b_j > 0$ $(j = 1, 2, \cdots, n)$。

决策变量：

$a_{[k]}$：表示位置 k 工件的正常处理时间 $(k = 1, 2, \cdots, n)$。

$r_{[k]}$：表示位置 k 工件的释放时间 $(k = 1, 2, \cdots, n)$。

$b_{[k]}$：表示位置 k 工件的恶化率 $(k = 1, 2, \cdots, n)$。

$s_{[k]}$：表示位置 k 工件的开始时间 $(k = 1, 2, \cdots, n)$。

$p_{[k]}$：表示位置 k 工件的实际处理时间 $(k = 1, 2, \cdots, n)$。

$C_{[k]}$：表示位置 k 工件的完成时间 $(k = 1, 2, \cdots, n)$。

z_{jk}：表示如果工件 J_j 在位置 k 被加工，则取值为 1，否则，为 0。如式（3-13）所示。

$$z_{jk} = \begin{cases} 1 & J_j \text{ 在位置 } k \text{ 被加工} \\ 0 & \text{其他} \end{cases} \tag{3-13}$$

基于上述参数和变量，问题的混合整数规划模型如下：

$$\text{Min} \quad C_n \tag{3-14}$$

$$\sum_{j=1}^{n} z_{jk} = 1, \quad k = 1, 2, \cdots, n \tag{3-15}$$

$$\sum_{k=1}^{n} z_{jk} = 1, \quad j = 1, 2, \cdots, n \tag{3-16}$$

$$a_{[k]} = \sum_{j=1}^{n} z_{jk} a_j, \quad k = 1, 2, \cdots, n \tag{3-17}$$

$$r_{[k]} = \sum_{j=1}^{n} z_{jk} r_j, \quad k = 1, 2, \cdots, n \tag{3-18}$$

$$b_{[k]} = \sum_{j=1}^{n} z_{jk} b_j, \quad k = 1, 2, \cdots, n \tag{3-19}$$

$$p_{[k]} = a_{[k]} + b_{[k]} s_{[k]}, \quad k = 1, 2, \cdots, n \tag{3-20}$$

$$s_{[k]} \geq r_{[k]}, \quad k = 2, 3, \cdots, n \tag{3-21}$$

$$s_{[k]} = r_{[k]}, \quad k = 1 \tag{3-22}$$

$$s_{[k]} \geq C_{[k-1]}, \quad k \neq 1 \tag{3-23}$$

$$C_{[k]} = s_{[k]} + p_{[k]}, \quad k = 1, 2, \cdots, n \tag{3-24}$$

$$z_{jk} = \begin{cases} 1 & J_j \text{ 在位置 } k \text{ 被加工} \\ 0 & \text{其他} \end{cases} \quad (j = 1, 2, \cdots, n; k = 1, 2, \cdots, n) \tag{3-25}$$

式（3-14）是目标函数，最小化最大的完工时间；式（3-15）是保证每个工件仅被加工一次；式（3-16）是保证每个位置仅有一个工件被加工；式（3-17）是在位置 k 被加工工件的正常处理时间；式（3-18）是在位置 k 被加工工件的释放时间；式（3-19）是在位置 k 被加工工件的恶化率；式（3-20）是在位置 k 被加工工件的实际处理时间；式（3-21）是保证工件开始被加工的时间大于或等于它的释放时间；式（3-22）是在第一个位置被加工的工件等于它的开始时间；式（3-23）是除第一个位置之外的其他位置上被加工工件的开始时间大于或等于位于它前一位置工件的完工时间；式（3-24）是位置 k 被加工工件的完工时间等于它的开始时间与实际处理时间之和；式（3-25）表示工件 J_j 是否在位置 k 被加工，若加工，则 z_{jk} 为 1，否则为 0。模型求解请参照本章第一节。

三、支配性质

设调度 $S = (\pi, J_i, J_j, \pi')$ 和 $S' = (\pi, J_j, J_i, \pi')$，其中在调度 S 中工件 J_i 位于位置 k，π 和 π' 是部分序列；t 是 π 中最后一个工件的完工时间。基于此假设，提出了以下优先支配性质：

性质 3-1 如果 $t < r_i < r_j$ 且 $(1 + b_i) r_i + a_i < r_j$，则最优序列中工件 J_i 优先于 J_j。

性质 3-2 如果 $t \leq \min\{r_i, r_j\}$，$b_i r_i + a_i < b_j r_j + a_j$ 且 $a_i(1 - b_j) - $

$a_j(1-b_i) > b_i b_j (r_i - r_j)$，则最优序列中工件 J_i 优先于 J_j。

性质 3 – 3　如果 $r_i \leq t < r_j$ 且 $(1+b_i)t + a_i \leq r_j$，则最优序列中工件 J_i 优先于 J_j。

性质 3 – 4　如果 $r_i \leq t < r_j$，$r_j < (1+b_i)t + a_i$ 且 $a_i b_j - a_j b_i < b_j (r_j - t)$，则最优序列中工件 J_i 优先于 J_j。

性质 3 – 5　如果 $t \geq \max\{r_i, r_j\}$ 且 $\frac{a_i}{b_i} < \frac{a_j}{b_j}$，则最优序列中工件 J_i 优先于 J_j。

性质 3 – 6　如果 $r_i = r_j$，则最优序列可通过 $\frac{a_j}{b_j}$ 非递减序列获得。

根据性质 3 – 6，可得到推论 3 – 1。

推论 3 – 1　如果 $t \geq \max\limits_{l \in \{i,j,\pi'\}} \{r_l\}$，则最优序列可通过 $\frac{a_l}{b_l}$ ($l \in \{i, j, \pi'\}$) 非递减序列获得。

上述证明可通过内部相邻交换方法获得，故在此省略。

四、下界

根据问题的性质，下文给出工件具有不同释放时间和不同恶化率的最小化最大完工时间的单机调度问题的几个下界。

设 S 是已调度 k 个工件的序列集合；$C_{[k]}$ 是 S 中第 k 个工件的完工时间，特殊地，$C_{[0]} = 0$；US 是未调度工件的集合；f^* 是最优目标函数值。

命题 3 – 1　$LB_1 = \min\limits_{i \in US} r_i + \sum\limits_{i \in US}(a_i + b_i r_i)$ 是基于最优完工时间上的一个下界。

证明：设 $r_{\min} = \min\limits_{i \in US} r_i$，在一个最优调度中，$US$ 中的每个工件 J_i 的开始时间将晚于它的释放时间 r_i 且它的完工时间应早于或等于最优目

标函数值 f^*，那么，工件 J_i 应在 $[r_i, f^*]$ 时间段被加工。同理，US 中的所有工件应在 $[r_{\min}, f^*]$ 时间段内被加工。由此可得，$f^* \geq \min_{i \in US} r_i + \sum_{i \in US} p_i$，$f^* \geq \min_{i \in US} r_i + \sum_{i \in US}(a_i + b_i s_i)$。由于 $\min_{i \in US} r_i + \sum_{i \in US}(a_i + b_i s_i) \geq \min_{i \in US} r_i + \sum_{i \in US}(a_i + b_i r_i)$，相应地，$f^* \geq \min_{i \in US} r_i + \sum_{i \in US}(a_i + b_i r_i)$，因此，$LB_1 = \min_{i \in US} r_i + \sum_{i \in US}(a_i + b_i r_i)$。

命题 3-2 $LB_2 = \max_{i \in US}\{a_i + (1 + b_i) r_i\}$ 是基于最优完工时间上的一个下界。

证明：在一个最优调度中，集合 US 中每个工件 J_i 的开始时间将晚于它的释放时间 r_i 且它的完工时间应早于或等于最优目标函数值 f^*，那么，带有在集合 US 最大 $\{r_i + p_i\}$ 应小于或等于 f^*，由此可得，$f^* \geq \max_{i \in US}\{r_i + a_i\} = \max_{i \in US}\{a_i + (1 + b_i) r_i\}$，即 $LB_2 = \max_{i \in US}\{a_i + (1 + b_i) r_i\}$。

命题 3-3 $LB_3 = \min\left\{\prod_{j=1}^{n-k}(1 + b_{[k+j]}) C_{[k]}(S) + \sum_{j=1}^{n-k}(1 + \min_{i \in US} b_i)^{n-k-j} a_{[k+j]}\right\}$ 是基于最优完工时间的下界，其中，US 中的工件依赖于最小处理时间规则排序。

证明：$C_{[k]}$ 是序列 S 中第 k 个工件的完工时间，第 $k+1$ 个工件的完工时间为：

$C_{[k+1]} = \max\{r_{[k+1]}, C_{[k]}\} + a_{[k+1]} + b_{[k+1]} \max\{r_{[k+1]}, C_{[k]}\} = (1 + b_{[k+1]}) \max\{r_{[k+1]}, C_{[k]}\} + a_{[k+1]} \geq (1 + b_{[k+1]}) C_{[k]} + a_{[k+1]}$

相同地，第 $k+2$ 个工件的完工时间为：

$C_{[k+2]} = \max\{r_{[k+2]}, C_{[k+1]}\} + a_{[k+2]} + b_{[k+2]} \max\{r_{[k+2]}, C_{[k+1]}\} = (1 + b_{[k+2]}) \max\{r_{[k+1]}, C_{[k+1]}\} + a_{[k+2]} \geq (1 + b_{[k+2]}) C_{[k+1]} + a_{[k+2]} \geq (1 + b_{[k+2]})(1 + b_{[k+1]}) C_{[k]} + (1 + b_{[k+2]}) a_{[k+1]} + a_{[k+2]}$

以此类推，第 $k+l$ 个工件的完工时间为：

$$C_{[k+l]} = \max\{r_{[k+l]}, C_{[k+l-1]}\} + a_{[k+l]} + b_{[k+l]}\max\{r_{[k+l]}, C_{[k+l-1]}\} =$$
$$(1+b_{[k+l]})\max\{r_{[k+l]}, C_{[k+l-1]}\} + a_{[k+l]} \geq (1+b_{[k+l]})C_{[k+l-1]} +$$
$$a_{[k+l]} \geq \prod_{j=1}^{l}(1+b_{[k+j]})C_{[k]} + \sum_{j=1}^{l-1}\prod_{i=j+1}^{l}(1+b_{[k+i]})a_{[k+j]} + a_{[k+l]}$$

当 $k+l=n$ 时:
$$C_{[n]} \geq \prod_{j=1}^{n-k}(1+b_{[k+j]})C_{[k]} + \sum_{j=1}^{n-k-1}\prod_{i=j+1}^{n-k}(1+b_{[k+i]})a_{[k+j]} + a_{[n]} \geq$$
$$\prod_{j=1}^{n-k}(1+b_{[k+j]})C_{[k]} + \sum_{j=1}^{n-k-1}(1+\min_{j\in US}b_j)^{n-k-j}a_{[k+j]}$$

设 $\varphi = \prod_{j=1}^{n-k}(1+b_{[k+j]})C_{[k]} + \sum_{j=1}^{n-k-1}(1+\min_{j\in US}b_j)^{n-k-j}a_{[k+j]}$，已调度序列 S 的下界大于或等于 φ 的最小值。很显然，φ 右边的第一项是已知的，为使 φ 最小，仅仅需要最小化右边的第二项。又因为随着 j 的增加 $(1+\min_{j\in US}b_j)^{n-k-j}$ 逐渐下降，所以，将 US 中工件的正常处理时间按照最短处理时间规则排序可使 φ 最小。由此可得:

$$LB_3 = \min\left\{\prod_{j=1}^{n-k}(1+b_{[k+j]})C_{[k]} + \sum_{j=1}^{n-k-1}(1+\min_{j\in US}b_j)^{n-k-j}a_{[k+j]}\right\}。$$

综上所述，为了获得基于最优化完工时间的一个紧的下界，将选择 LB_1、LB_2 和 LB_3 之中最大的作为它的下界，即 $LB = \max_{b=1,2,3} LB_b$。

五、分枝定界算法

下文应用的分枝定界（Branch and Bound, B&B）算法主要采用了回溯法，将系统性和跳跃性结合在一起。系统性主要体现在采用深度优先方法确保搜索从根结点开始直到整个解空间；跳跃性主要体现在算法在搜索解空间中每个结点的过程中，需要判断该结点的子树是否包含问题的解，如果没有包含问题的解，算法将跳出该结点的所有子树，逐步回溯到它的父结点。否则，算法将继续搜索它的子树。如果获得一个完整的序列且它的目标函数值小于当前上界，它将取代当前上界。此外，优先支配性质和下界被应用到了剪枝中，截去不满足要求的结点。

分枝定界算法主要包括以下几个元素：

（1）结点：一棵搜索树由许多结点组成，每个结点代表部分调度序列。

（2）分枝：分枝过程是指当前活动结点产生所有孩子结点的过程，每个孩子结点代表一个分枝。

（3）带有删除结点的搜索策略：深度优先搜索被应用到搜索策略中，具体步骤如下：

Step 1：产生当前扩展结点的所有孩子结点。

Step 2：在所有的孩子结点中，根据性质3-1至性质3-6和推论3-1消除不包含最优调度的结点。

Step 3：将所有孩子结点中剩余的结点加入到活结点表中。

Step 4：从活结点表中选择一个结点作为下一个扩展结点，一直搜索直到达到最大的深度。

（4）上界和下界：在算法的初始状态，分别通过最短处理时间规则和最早优先规则获得两个调度序列，计算它们的完工时间。选择它们之中最小的一个作为上界，在算法搜索的过程中，它将会被更好的解取代。下界是用来消去不可能产生最优解的结点，即优先支配性质不能消去新扩展的结点，则计算它的下界。

（5）回溯：当当前活结点的所有孩子结点已经被搜索时，算法将回溯到当前活节点的父结点，将继续搜索父结点的其他孩子结点。

由上述各元素的功能，分枝定界算法步骤总结如下：

Step 1：初始化。计算问题的初始上界。

Step 2：分枝。产生当前活结点的孩子结点。

Step 3：搜索策略。选择最近产生的结点为当前活结点，并扩展该结点。应用优先支配性质 3-1 至性质 3-6 和推论 3-1 消除不能产生最优解的扩展结点的孩子结点。

Step 4：下界。若孩子结点不能被优先支配性质 3-1 至性质 3-6 和推论 3-1 消去，则计算该孩子结点的下界。如果该下界小于当前最优解，将继续搜索它的分枝；若该孩子结点的下界等于上界，转 Step 6；否则，消去该结点，继续搜索当前活结点的其他孩子结点。当一个完整的调度序列获得时，它的最大完工时间将取代当前最优解。

Step 5：回溯。算法将回溯到当前活结点的父结点，继续搜索父结点的其他孩子结点。如果没有未搜索的结点，转 Step 6；否则，转 Step 2。

Step 6：算法停止，输出一个最优解。

六、规则引导的嵌套分割方法

当问题规模不断增大时，分枝定界算法得到最优解需要的时间将延长，甚至难以接受。因此，本节引进了规则引导的嵌套分割方法（Rules Guided Nested Partitions，RGNP）。RGNP 方法是基于基本的嵌套分割（Original Nested Partitions，ONP）方法提出的。不同之处在于，RGNP 方法在由最可能域分割后得到的子域中，抽样过程引入了一组启发式规则促进了算法的收敛速度，而在裙域抽样过程中采用了随机抽样的方法，保证算法多样性的同时避免了算法陷入局部最优。同样地，RGNP 方法也包括四个重要的元素，即分割与停止、抽样、选区和回溯。

（一）分割与停止规则

给定一个集合 $J = \{J_1, J_2, \cdots, J_n\}$，它的所有全排列组成了一个解空间。当深度为 0 时，最可能域 $\sigma(0)$ 为全部解空间，为确定 J_1，J_2，$\cdots$，J_n 其中一个作为机器上被加工的第一个工件，将最可能域分割

为 n 个子域。相似地,当深度为 1 时,为确定机器上加工的第二个工件,将最可能域 $\sigma(1)$ 分割为 $n-1$ 个子域。以此类推,当深度为 d 时,为确定机器上加工的第 $d+1$ 个工件,将当前最可能域分割为 $n-d$ 个子域。当前最可能域一直被分割直到当前最可能域仅包含一个解。此分解过程如图 3-1 所示,其中 J_k^S 表示调度 S 中的第 k 个工件。

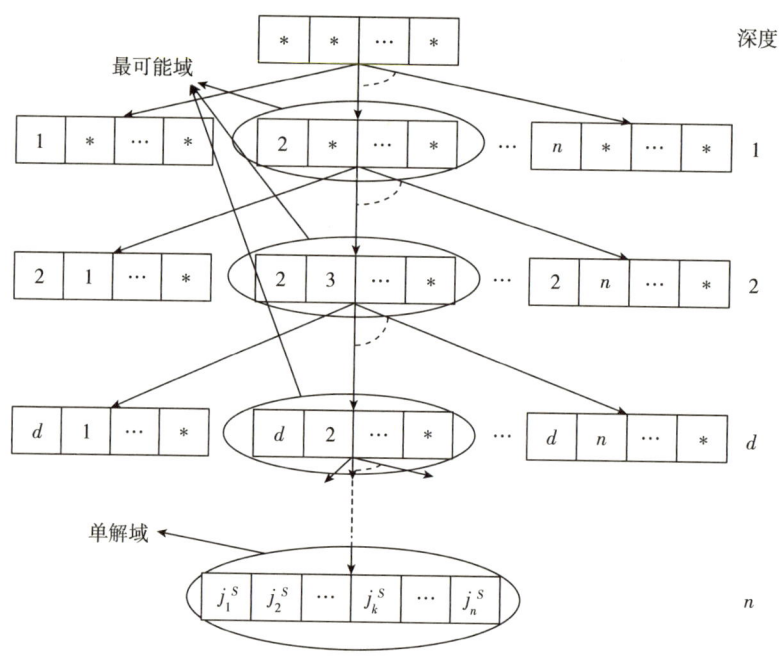

图 3-1　单机调度问题的基本分割过程

此外,如果一个算法总是回溯,当算法同一个最可能域回溯到全域的次数超过 100 次的时候,算法停止。

(二) 抽样

为能得到更好的解和加快算法收敛速度,规则引导的抽样方法和随机抽样方法被分别应用到了子域和裙域中。

1. 规则引导的抽样

为找到下一个深度的最可能域,下面五个启发式规则被应用:

规则1：将未调度的工件按照$\frac{a_i}{b_i}$非递减序列排列，获得一个部分序列。

规则2：将未调度的工件按照$a_i + (1 + b_i) \max\{r_i, t\}$非递减序列排列，获得一个部分序列，特殊地，当深度为0时，已调度工件序列中最后一个工件的完工时间$t = 0$。

规则3：将未调度的工件按照最短处理时间规则排列，获得一个部分序列。

规则4：将未调度的工件按照最早优先规则排列，获得一个部分序列。

规则5：从未调度的工件中随机获得一个部分序列。

通过上述规则获得的部分序列与已调度的部分序列组成一个完整的调度序列，即五个抽样，它们对应于子域问题的解。

2. 随机抽样

相对于子域，在裙域中，随机抽取一个完整的调度序列作为裙域的样本。

(三) 选区

计算从抽样过程中获得的每个样本的最大完工时间，对于子域，选择最小的最大完工时间作为该子域的品质目标。在所有子域和裙域中将最小品质目标定义为R^*。则通过以下几种情况确定下一个深度的最可能域：

情况1：如果R^*对应于当前最可能域的一个特定的子域，则该子域将作为下一个深度的最可能域并被分割。

情况2：如果R^*对应于当前最可能域的一个或多个子域，则随机选取其中一个作为下一个深度的最可能域并被分割。

情况3：如果R^*对应于裙域，则算法回溯，关于回溯下面将详细介绍。

情况4：如果 R^* 同时对应于裙域和当前最可能域的一个子域，则随机选择其中一个。若选择的是子域，则将其作为下一个深度的最可能域并被分割；若选择的是裙域，则算法回溯。

（四）回溯

当裙域被选中时，算法将回溯到当前最可能域的超域。如果算法总是从同一个最可能域回溯到同一个超域，当次数超过100次时，算法将回溯到全域。

根据上述元素的各个功能，RGNP方法伪代码如图3－2所示，算法步骤如下：

```
Begin
    Initialize  d=0, k=0, l=0, σ(0) =Θ; //初始化参数，最可能域为全域
    While   d <= n do
        Partition σ(d);                    //分割最可能域
        Sample s^i_{σj(d)}  (i=1, 2, 3, 4, 5 and j=1, 2, …, n-d); //从n-d个子域中分别抽取五个样本
        Sample s;                          //从裙域中抽样
        Select σ (d+1);
        If σ (d+1) is one of n-d sub-region, then
            d = d+1;
        Else
            If k < 100, then                //回溯到超域的次数
                k = k+1;
                Backtrack to super-region;
            Else
                If l < 100, then            //回溯到全域的次数
                    l = l+1;
                    Backtrack to the whole region;
                Else
                    Break;
                EndIf
            EndIf
        EndIf
    EndWhile
End
```

图3－2　RGNP算法的伪代码

Step 1：初始化。初始的最可能域为全域，初始的裙域为 ϕ。

Step 2：分割与停止规则。如果当前最可能域仅包含一个单独的解，则算法停止，返回迄今为止最好的解；否则，根据分割策略将当前最可能域分割成若干子域。

Step 3：抽样。根据规则引导的抽样方法从每个子域中获得五个样本，根据随机抽样方法从裙域中获得一个样本。通过计算每个样本的最大完工时间，将每个域中最小的最大完工时间作为该域的品质目标。

Step 4：选区。从裙域和各个子域中选择最可能域，如果裙域被选中，转 Step 5；否则，转 Step 2。

Step 5：回溯。算法首先回溯到当前最可能域的超域。如果同一个当前最可能域回溯到同一超域的次数超过 100 次时，算法将回溯到全域，转 Step 1；如果同一个当前最可能域回溯到全域的次数超过 100 次时，算法停止。返回当前裙域中获得的最好解。

为了能更好地理解 RGNP 方法，给出一个工件数为 3（$n=3$）的例子。即：

J_1：$r_1=0.1$，$a_1=2$，$b_1=0.3$。

J_2：$r_2=0.8$，$a_2=4$，$b_2=0.5$。

J_3：$r_3=0.5$，$a_3=6$，$b_3=0.8$。

下面应用 RGNP 方法对问题进行求解，具体步骤如下：

（1）初始最可能域为 $\sigma(0)=\{\{1,2,3\};\{1,3,2\};\{2,1,3\};\{2,3,1\};\{3,1,2\};\{3,2,1\}\}$，初始裙域为 ϕ。

（2）深度为 0，当前最可能域不是单独解，因此，将当前最可能域分割为：$\sigma_1(0)=\{\{1,2,3\};\{1,3,2\}\}$，$\sigma_2(0)=\{\{2,1,3\};\{2,3,1\}\}$ 和 $\sigma_3(0)=\{\{3,1,2\};\{3,2,1\}\}$。

（3）从每个子域中抽取五个样本。第一个子域的样本：$s^1_{\sigma_1(0)}=\{\{1,3,2\}\}$，$s^2_{\sigma_1(0)}=\{\{1,2,3\}\}$，$s^3_{\sigma_1(0)}=\{\{1,2,3\}\}$，$s^4_{\sigma_1(0)}=$

$\{\{1, 3, 2\}\}$ 和 $s^5_{\sigma_1(0)} = \{\{1, 2, 3\}\}$；第二个子域的样本：$s^1_{\sigma_2(0)} = \{\{2, 1, 3\}\}$，$s^2_{\sigma_2(0)} = \{\{2, 1, 3\}\}$，$s^3_{\sigma_2(0)} = \{\{2, 1, 3\}\}$，$s^4_{\sigma_2(0)} = \{\{2, 1, 3\}\}$ 和 $s^5_{\sigma_2(0)} = \{\{2, 1, 3\}\}$；第三个子域的样本：$s^1_{\sigma_3(0)} = \{\{3, 1, 2\}\}$，$s^2_{\sigma_3(0)} = \{\{3, 1, 2\}\}$，$s^3_{\sigma_3(0)} = \{\{3, 1, 2\}\}$，$s^4_{\sigma_3(0)} = \{\{3, 1, 2\}\}$ 和 $s^5_{\sigma_3(0)} = \{\{3, 1, 2\}\}$。

（4）选择一个子域作为最可能域。首先，从每个域的五个样本中选择具有最小的最大完工时间的样本，即 $s^*_{\sigma_1(0)} = \{\{1, 3, 2\}\}$，$s^*_{\sigma_2(0)} = \{\{2, 1, 3\}\}$ 和 $s^*_{\sigma_3(0)} = \{\{3, 1, 2\}\}$。选择它们之中具有最小的最大完工时间的样本，即 $s^*_{\sigma_1(0)} = \{\{1, 3, 2\}\}$。进而选择该样本对应的子域 $\sigma_1(0)$ 作为深度为 1 时的最可能域 $\sigma(1)$。然后，继续分割最可能域 $\sigma(1)$。

（5）将最可能域 $\sigma(1)$ 分割为两个子域，即 $\sigma_1(1) = \{\{1, 2, 3\}\}$ 和 $\sigma_2(1) = \{\{1, 3, 2\}\}$，并将除 $\sigma(1)$ 之外的域合并为裙域。

（6）同样地，根据抽样规则，从两个子域中获得五个样本。第一个子域的样本：$s^1_{\sigma_1(1)} = s^2_{\sigma_1(1)} = s^3_{\sigma_1(1)} = s^4_{\sigma_1(1)} = s^5_{\sigma_1(1)} = \{\{1, 2, 3\}\}$；第二个子域的样本：$s^1_{\sigma_2(1)} = s^2_{\sigma_2(1)} = s^3_{\sigma_2(1)} = s^4_{\sigma_2(1)} = s^5_{\sigma_2(1)} = \{\{1, 3, 2\}\}$；从裙域中随机抽取的样本是：$\{2, 1, 3\}$。

（7）计算并比较三个样本的值，选择下一步的最可能域 $\sigma_2(1)$。

（8）因为最可能域 $\sigma_2(1)$ 是单解域，算法停止，获得最好解为 $\{1, 3, 2\}$。

七、结果对比分析

为验证上述模型和算法的有效性，进行了下面的实验。下文依据 Chu（1992）提出的产生带有不同释放时间的随机数据框架产生了算法数据:工件的正常处理时间 a_j 由(1,100)均匀分布随机产生;释放时间 r_j 服从(0,$50.5n\lambda$)均匀分布,其中 n 表示需加工工件的数目,λ 为控制变量,λ 分别取 0.2、1.0、3.0;恶化率 b 服从(1,100)均匀分布。B&B、RGNP 和 ONP 算法采用 C++语言实现,运行环境为 Intel(R) Core(TM) i7-2600CPU 3.40GHz PC 台式机。

基于上述设置,测试了 B&B、ILOG、RGNP 和 ONP 算法对问题进行求解的效率。

首先,测试了参数 λ 对算法时间绩效的影响,实验数据如下:

问题规模 $n=10$,控制变量 λ 取值为 0.2~3.0,步长为 0.2。对于上述的每个条件,不同的算法随机运行 100 次并记录它们的平均运行时间,如图 3-3 所示。

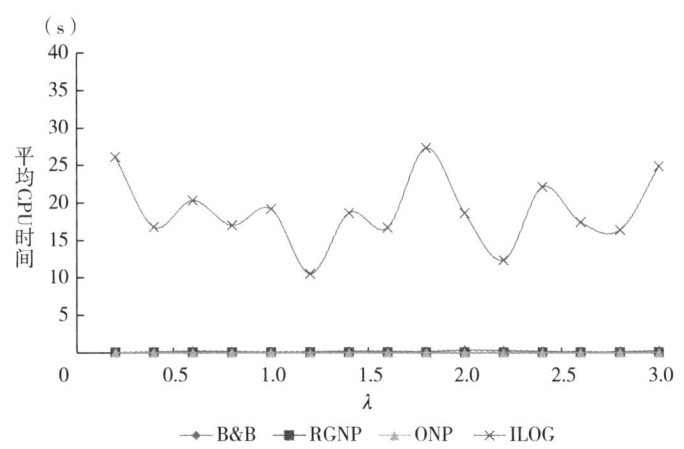

图 3-3 参数 λ 对不同算法时间绩效的影响

从图 3-3 可知,B&B、RGNP 和 ONP 算法对于规模为 10 的问题,时间都未超过 1s,而 ILOG 对于大部分实例,时间都超过了 10s。

其次,为了进一步验证 B&B、ILOG、RGNP 和 ONP 算法的有效性,进行了下面的试验。

实验数据为：控制变量 $\lambda=0.2$，1.0，3.0。取了 8 个不同的问题规模，即 $n=10$，20，30，40，50，60，70，80。针对每一组条件，随机运行 100 次。表 3-5 记录了 RGNP 和 ONP 算法的误差率 $var=(H-H^*)/H^*$，其中 H 是通过 RGNP 或 ONP 算法获得的解，H^* 是通过 B&B 和 ILOG 获得的最优解。同时，表 3-5 也记录了 B&B、ILOG、RGNP 和 ONP 算法的平均运行时间和 B&B 算法平均搜索的结点数。

表 3-5　各算法比较

n	λ	平均结点数	平均误差率		平均 CPU 时间（s）			
			RGNP	ONP	B&B	ILOG	RGNP	ONP
10	0.2	36	0.043	0.118	0.07	26.09	0.05	0.02
	1.0	98	0.012	0.013	0.20	19.20	0.04	0.02
	3.0	122	0.023	0.613	0.27	24.56	0.04	0.02
平均值			0.026	0.248	0.18	23.28	0.04	0.02
20	0.2	593	0.103	0.396	3.25	3481.26	0.52	0.16
	1.0	1222	0.076	0.015	7.53	3175.30	0.55	0.15
	3.0	1701	0.009	0.056	11.31	4312.39	0.54	0.16
平均值			0.062	0.155	7.36	3656.31	0.53	0.16
30	0.2	5510	0.142	0.493	59.30	>86400	2.30	0.56
	1.0	3099	0.073	0.113	34.31	>86400	2.31	0.57
	3.0	19256	0.018	0.207	233.68	>86400	2.36	0.58
平均值			0.077	0.271	109.09	>86400	2.32	0.57
40	0.2	11248	0.131	0.526	186.09	>86400	6.60	1.47
	1.0	18387	0.036	0.369	312.45	>86400	6.69	1.44
	3.0	13368	0.036	0.146	255.57	>86400	6.63	1.43
平均值			0.067	0.347	251.37	>86400	6.64	1.44
50	0.2	20772	0.136	0.639	499.97	>86400	15.15	3.125
	1.0	48968	0.087	0.158	1267.20	>86400	15.32	3.193
	3.0	79851	0.042	0.425	2155.09	>86400	15.48	3.297
平均值			0.088	0.407	1307.42	>86400	15.31	3.21
60	0.2	21635	0.060	0.109	688.10	>86400	30.65	6.02
	1.0	225658	0.038	0.256	3796.68	>86400	30.55	5.90
	3.0	183432	0.159	0.374	3536.04	>86400	31.41	5.17
平均值			0.085	0.246	2673.60	>86400	30.87	5.69

续表

n	λ	平均结点数	平均误差率		平均 CPU 时间（s）			
			RGNP	ONP	B&B	ILOG	RGNP	ONP
70	0.2	25631	0.079	0.211	1032.99	>86400	54.50	10.18
	1.0	107474	0.045	0.478	4660.20	>86400	55.62	10.76
	3.0	108196	0.057	0.557	4907.00	>86400	55.81	11.26
平均值			0.060	0.415	3533.39	>86400	55.31	10.73
80	0.2	21969	0.067	0.364	1071.73	>86400	91.56	16.57
	1.0	351433	0.041	0.712	19684.18	>86400	93.89	18.62
	3.0	83589	0.015	0.675	4628.83	>86400	92.84	16.49
平均值			0.041	0.583	8461.58	>86400	92.76	17.22

根据表 3-5 可知：

（1）当算法规模不超过 80 时，B&B 算法能够在不超过 6 个小时内获得算法的最优解。

（2）当问题规模不超过 20 时，ILOG 能够在一个可接受的时间内获得问题的最优解，但当问题规模为 30 或更大时，ILOG 所需要的时间超过了 24 个小时。

（3）当问题规模不超过 80 时，RGNP 能够在不超过 94s 的时间内获得问题的近优解，且平均误差率不超过 0.159。

（4）当问题规模不超过 80 时，ONP 获得解的平均误差率随着问题规模的增大而逐渐增大。

根据表 3-5，可获得各算法平均运行时间关于问题规模的趋势图，如图 3-4 所示。由图 3-4 可知，ONP 和 RGNP 算法随着问题规模逐渐增大所需时间缓慢增加；B&B 算法的运行时间随着规模的增大增加较快；ILOG 的运行时间随着规模的增大迅速增大。

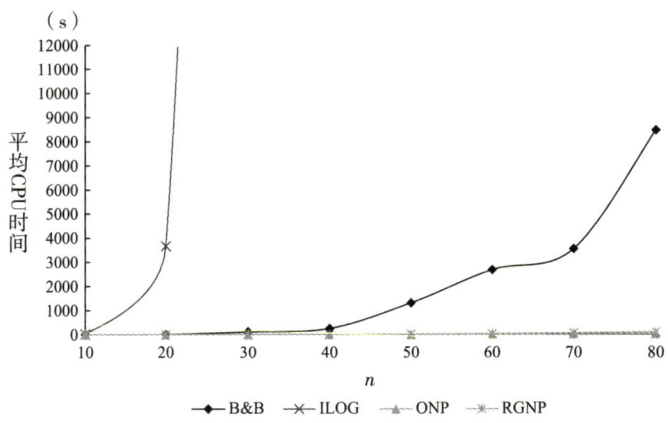

图 3-4　各算法平均时间关于问题规模 n 的趋势

同样，从表 3-5 可获得 ONP 和 RGNP 平均误差率关于问题规模的趋势图，如图 3-5 所示。从图 3-5 可知，RGNP 的平均误差率是比较稳定的，规模的增大对其影响并不明显；而 ONP 的平均误差率处于不稳定状态，而且误差率较大。

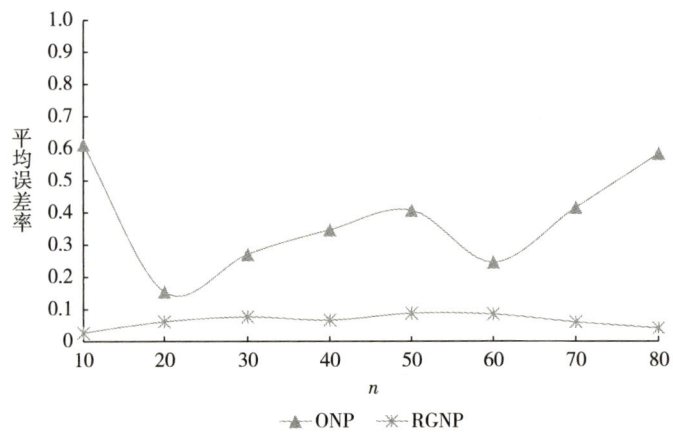

图 3-5　各算法平均误差率关于问题规模 n 的趋势

因此，当问题规模不超过 20 时，ILOG 可以求解工件具有不同释放时间和不同恶化率的最小化、最大化完工时间的单机调度问题；当问题规模不超过 80 时且需要最优解时，B&B 算法是比较好的选择；当需要在较短的时间内获得问题的好的近优解时，RGNP 算法是比较好的选择。

本章小结

本章基于处理时间依赖开始时间恶化的情况，对处理时间依赖开始时间恶化的单机调度问题进行了研究，主要工作如下：

一是针对工件具有不同释放时间和相同恶化率的单机调度问题，建立了混合整数规划模型，并采用 ILOG 软件包求解了该模型，实验结果与已有文献提出的分枝定界算法和启发式算法进行了对比，结果验证了模型的有效性。

二是针对工件具有不同释放时间和不同恶化率的单机调度问题，建立了混合整数规划模型，并采用 ILOG 软件包求解了该模型；提出了基于优先支配性质和下界的分枝定界算法，并获得问题的最优解；鉴于分枝定界算法对大规模问题的局限性，提出了规则引导的嵌套分割方法并获得了问题的近优解；最后，对所提的模型和算法进行了对比分析，结果表明所提出的模型和算法是有效的。

第四章
处理时间依赖等待时间恶化的单机调度问题

工件处理时间恶化现象被引入之后,许多学者提出了不同的工件处理时间恶化的模型,但主要集中于工件的处理时间依赖于开始时间或其被处理的位置。其实,在更多的实际问题中,工件的处理时间主要依赖于工件的等待时间,如钢铁工业中铸锭的加工,不同铸锭被送到加热炉达到一定温度后,出炉等待轧制,当铸锭的温度正好符合轧制的要求时,所需加工时间为常数,但如果铸锭由于等待时间过长而温度下降,这时,无论是重新加热使其满足温度要求还是在不满足温度要求的低温下加工,都将导致加工时间的增加,而工件加工时间恶化只有工件释放后开始等待时才可能发生。

对于上述问题本章分别进行了下述研究:

一是针对工件处理时间依赖等待时间线性恶化的单机调度问题,以最小化最大完工时间为目标展开研究。主要工作是:①建立了工件处理时间依赖等待时间线性恶化的模型;②提出了基于优先支配性质和下界的分枝定界算法,并获得问题的最优解;③当问题规模增大时,分枝定界算法需要耗费大量的时间才能得到问题的最优解,因此,提出了规则引导的嵌套分割方法并获得了问题的近优解;④对所提的模型和算法进行了对比分析，结果表明所提出的模型和算法是有效的。

二是针对工件处理时间依赖等待时间分段线性恶化的单机调度问题，以最小化最大完工时间为目标展开研究。主要工作是：①建立了工件的处理时间依赖等待时间分段线性恶化的模型；②提出了基于优先支配性质和下界的分枝定界算法，并获得问题的最优解；③当问题规模增大时，分枝定界算法需要耗费大量的时间才能得到问题的最优解，因此，提出了规则引导的嵌套分割方法并获得了问题的近优解；④对所提的算法进行了对比分析，结果验证了所提算法的有效性。

第一节　依赖等待时间线性恶化的单机调度问题

为满足实际情况，本节研究了工件处理时间依赖等待时间线性恶化的单机调度问题。在此，工件的处理时间被定义为其等待时间的函数，即工件的处理时间随着等待时间延长而逐渐增加。Cheng 等（1998b）证明了以最小化最大完工时间为目标，具有不同释放时间工件的处理时间是其开始时间函数的单机调度问题是 NP-complete 问题。由此可知，以最小化最大完工时间为目标，工件处理时间依赖等待时间线性恶化的单机调度问题也是 NP-complete 问题。

一、问题描述

首先，给出下列参数定义：

$J = \{J_1, J_2, \cdots, J_n\}$：表示需要被加工的工件集合。

a_j：表示工件 J_j（$j = 1, 2, \cdots, n$）的正常处理时间（$a_j > 0$）。

r_j：表示工件 J_j（$j = 1, 2, \cdots, n$）的释放时间（$r_j \geq 0$）。

b：表示所有工件的恶化率（$b>0$）。

s_j：表示工件 J_j 开始被加工的时间。

p_j：表示工件 J_j 的实际处理时间，即 $p_j = a_j + b(s_j - r_j)$。

$C_j(S)$：表示在调度 S 中工件 J_j 的完工时间。

$C_{\max}$：表示最大完工时间。

其次，假设机器每次只能加工一个工件，每个工件只加工一次，工件无优先权，且工件一旦开始加工将不可中断，直到处理完该工件。

基于以上假设，工件处理时间依赖等待时间线性恶化的最小化最大完工时间的单机调度问题可以描述为：对于 n 个带有释放时间，处理时间，恶化率的工件 J_j（$j=1,2,\cdots,n$）需要在机器上被加工，目标是找到一个最优的调度 S^* 使得最大完工时间 $C_{\max}$ 最小。应用三参数方法，可将该问题表示为 $1|p_j = a_j + b(s_j - r_j), r_j|C_{\max}$。

二、支配性质

设调度 $S = (\pi, J_i, J_j, \pi')$ 和 $S' = (\pi, J_j, J_i, \pi')$，其中在调度 S 中工件 J_i 位于位置 k、π 和 π' 是部分序列；t 是 π 中最后一个工件的完工时间。基于此假设，提出了以下优先支配性质：

性质 4-1　如果所有工件的释放时间相同，则最优序列可通过 a_j 非递减排列得到。

性质 4-2　如果 $t < r_i < r_j$ 且 $r_i + a_i < r_j$，则最优序列中工件 J_i 优先于 J_j。

性质 4-3　如果 $t \leqslant \min\{r_i, r_j\}$ 且 $2r_i + a_i < 2r_j + a_j$，则最优序列中工件 J_i 优先于 J_j。

上述证明可通过内部相邻交换方法获得，故在此省略。

三、下界

根据问题的性质，下文给出工件处理时间依赖等待时间恶化的最小化最大完工时间的单机调度问题的几个下界。

设 S 是已调度 k 个工件的序列集合；$C_{[k]}$ 是 S 中第 k 个工件的完工时间，特殊地 $C_{[0]}=0$；US 是未调度工件的集合；f^* 是最优目标函数值。

命题 4-1 $LB_1 = (1+b)^{n-k} C_{[k]} + \sum_{j=k+1}^{n}(1+b)^{n-j} a_{[j]} - \sum_{i=k+1}^{n} b(1+b)^{n-i} r_{[i]}$ 是基于最优完工时间的一个下界，其中 $i,j \in US$，$a_{[j]}$ 以升序排列，$r_{[i]}$ 以降序排列。

证明：设已调度工件集合 S 中包含 k 个工件，那么第 $k+1$ 个工件完成时间为：

$$C_{[k+1]} = C_{[k]} + a_{[k+1]} + b(\max\{C_{[k]}, r_{[k+1]}\} - r_{[k+1]}) \geq C_{[k]} + a_{[k+1]} + b(C_{[k]} - r_{[k+1]}) = (1+b)C_{[k]} + a_{[k+1]} - br_{[k+1]}$$

第 $k+2$ 个工件完成时间为：

$$C_{[k+2]} = C_{[k+1]} + b(\max\{C_{[k+1]}, r_{[k+2]}\} - r_{[k+2]}) \geq C_{[k+1]} + a_{[k+2]} + b(C_{[k+1]} - r_{[k+2]})$$
$$= (1+b)^2 C_{[k]} + (1+b) a_{[k+1]} + a_{[k+2]} - b(1+b) r_{[k+1]} - br_{[k+2]}$$

依次类推，第 n 个工件的完成时间为：

$$C_{[n]} \geq (1+b)^{n-k} C_{[k]} + \sum_{j=k+1}^{n}(1+b)^{n-j} a_{[j]} - \sum_{i=k+1}^{n} b(1+b)^{n-i} r_{[i]}$$

令 $L = (1+b)^{n-k} C_{[k]} + \sum_{j=k+1}^{n}(1+b)^{n-j} a_{[j]} - \sum_{i=k+1}^{n} b(1+b)^{n-i} r_{[i]}$，由于 L 的第一项是已知的，只需最小化第二项和第三项。可通过 $a_{[j]}$ 升序排列，$r_{[i]}$ 降序排列使其后两项最小化。因此，$LB_1 = (1+b)^{n-k} C_{[k]} + \sum_{j=k+1}^{n}(1+b)^{n-j} a_{[j]} - \sum_{i=k+1}^{n} b(1+b)^{n-i} a_{[i]}$。

命题 4-2 $LB_2 = \max_{j \in US}(r_j + a_j)$ 是基于最优完工时间的一个下界。

证明：在一个最优调度中，US 中的每个工件 j 的开始时间将晚于它的释放时间且它的完工时间应早于或等于最优目标函数值 f^*，因此，工件 j 将在 $[r_j, f^*]$ 时间段内被处理，由此可得，$f^* \geq \max_{j \in US}\{r_j + p_j\} \geq \max_{j \in US}\{r_j + a_j\}$，即 $LB_2 = \max_{j \in US}\{r_j + p_j\} \geq \max_{j \in US}\{r_j + a_j\}$。

命题 4-3 $LB_3 = r_j + a_j + b(C_{[k]} - r_j)^+$，$j \in \{j | r_j = \max_{j \in US} r_j\}$ 是基于最优完工时间的一个下界。

证明：在一个最优调度中，US 中的每个工件 j 的开始时间将晚于它的释放时间且它的完工时间应早于或等于最优目标函数值 f^*，因此：

$$f^* \geq \max_{j \in US}\{r_j + p_j\} \geq r_j + p_j \geq \qquad j \in \{j | r_j = \max_{j \in US} r_j\}$$

$$r_j + a_j + b(C_{[k]} - r_j)^+ \qquad j \in \{j | r_j = \max_{j \in US} r_j\}$$

即：

$$LB_3 = r_j + a_j + b(C_{[k]} - r_j)^+, \quad j \in \{j | r_j = \max_{j \in US} r_j\}$$

综上所述，为了获得基于最优完工时间的一个紧的下界，将选择 LB_1、LB_2 和 LB_3 之中最大的作为它的下界，即 $LB = \max_{b=1,2,3} LB_b$。

四、分枝定界算法

本节应用的分枝定界算法与第三章第二节相似。同样地，算法主要包括以下几个元素：

第一，结点。一棵搜索树由许多结点组成，每个结点代表部分调度序列。

第二，分枝。分枝过程是指当前活结点产生所有孩子结点的过程，每个孩子结点代表一个分枝。

第三，带有删除结点的搜索策略。深度优先搜索被应用到搜索策略中，具体步骤如下：

Step 1：产生当前扩展结点的所有孩子结点。

Step 2：在所有的孩子结点中，根据性质 4-1 至性质 4-3 消除不包含最优调度的结点。

Step 3：将所有孩子结点中剩余的结点加入到活结点表中。

Step 4：从活结点表中选择一个结点作为下一个扩展结点，一直搜索直到达到最大的深度。

第四，上界和下界。在算法的初始状态，根据当前最小完工时间 $(1+b)\max(r_j, t) + a_j - br_j$ 规则获得一个调度序列，计算其完工时间。选择它作为一个初始上界，在算法搜索的过程中，它将会被更好的解取代。下界是用来消去不可能产生最优解的结点。即如果优先支配性质不能消去新扩展的结点，则计算它的下界。

第五，回溯。当当前活结点的所有孩子结点已经被搜索时，算法将回溯到当前活节点的父结点，并继续搜索父结点的其他孩子结点。

由上述各元素的功能，分枝定界算法步骤总结如下：

Step 1：初始化。计算问题的初始上界。

Step 2：分枝。产生当前活结点的孩子结点。

Step 3：搜索策略。选择最近产生的结点为当前活结点并扩展该结点。应用优先支配性质 4-1 至性质 4-3 消除不能产生最优解的扩展结点的孩子结点。

Step 4：下界。若孩子结点不能被优先支配性质 4-1 至性质 4-3 删除，则计算该孩子结点的下界。如果该下界小于当前最优解，则继续搜索它的分枝；若该孩子结点的下界等于上界，转 Step 6；否则，消去该结点，继续搜索当前活结点的其他孩子结点。当获得一个完整的调度序列时，它的最大完工时间将取代当前最优解。

Step 5：回溯。算法将回溯到当前活结点的父结点，继续搜索父结点的其他孩子结点。如果没有未搜索的结点，转 Step 6；否则，转 Step 2。

Step 6：算法停止，输出一个最优解。

五、规则引导的嵌套分割方法

随着问题规模不断增大,分枝定界算法得到最优解需要的时间将延长。因此,提出了规则引导的嵌套分割方法。RGNP 方法包括四个重要的元素,即分割与停止、抽样、选区和回溯。

(一) 分割与停止规则

给定一个集合 $J = \{J_1, J_2, \cdots, J_n\}$,它的所有全排列组成了一个解空间。当深度为 0 时,最可能域 $\sigma(0)$ 为全部解空间,为确定 $J_1, J_2, \cdots, J_n$ 其中一个作为在机器上被加工的第一个工件,将最可能域分割为 n 个子域。相似地,当深度为 1 时,为确定在机器上加工的第二个工件,将最可能域 $\sigma(1)$ 分割为 $n-1$ 个子域。以此类推,当深度为 d 时,为确定在机器上加工的第 $d+1$ 个工件,将当前最可能域分割为 $n-d$ 个子域。一直分割当前最可能域直到当前最可能域仅包含一个解。此分解过程与图 3-1 相同。

此外,对于算法总是回溯的情况,如果同一个最可能域回溯到全域的次数超过 100 次时,算法停止。

(二) 抽样

为能得到更好的解和使算法收敛速度加快,规则引导的抽样方法和随机抽样方法被分别应用到了子域和裙域中。

1. 规则引导的抽样

为找到下一个深度的最可能域,下面三个启发式规则被应用到子域抽样中:

规则 1:从未调度的工件中随机获得一个部分序列。

规则 2:将未调度的工件按照 $(1+b) \max(r_j, t) + a_j - br_j$ 非递

减序列排列,获得一个部分序列,其中已调度工件序列中最后一个工件的完工时间,特殊地,当深度为 0 时,$t=0$。

规则 3:将未调度的工件按照最短处理时间规则排列,获得一个部分序列。

通过上述规则获得的部分序列与已调度的部分序列组成一个完整的调度序列,即三个抽样,它们对应于子域问题的解。

2. 随机抽样

相对于子域,在裙域中,随机抽取一个完整的调度序列作为裙域的样本。

(三) 选区

计算从抽样过程中获得的每个样本的最大完工时间,对于子域,选择最小的最大完工时间作为该子域的品质目标。在所有子域和裙域中将最小品质目标定义为 R^*。则在下一个深度的最可能域通过以下几种情况决定:

情况 1:如果 R^* 对应于当前最可能域的一个特定子域,则该子域作为下一个深度的最可能域被分割。

情况 2:如果 R^* 对应于当前最可能域的一个或多个子域,则随机选取其中一个作为下一个深度的最可能域被分割。

情况 3:如果 R^* 对应于裙域,则算法回溯,关于回溯下面将详细介绍。

情况 4:如果 R^* 同时对应于裙域和当前最可能域的一个子域,则随机选择其中一个。若选择的是子域,则将其作为下一个深度的最可能域被分割;若选择的是裙域,则算法回溯。

(四) 回溯

当裙域被选中时,算法将回溯到当前最可能域的超域。如果算法总是从同一个最可能域回溯到同一个超域，当次数超过 100 时，算法将回溯到全域。

根据上述元素的各个功能，算法步骤如下：

Step 1：初始化。初始的最可能域为全域，初始的裙域为 ϕ。

Step 2：分割与停止规则。如果当前最可能域仅包含一个单独的解，则算法停止，至今为止最好的解被返回；否则，当前最可能域根据分割策略被分割成若干子域。

Step 3：抽样。根据规则引导的抽样方法从每个子域中获得三个样本，根据随机抽样方法从裙域中获得一个样本。通过计算每个样本的最大完工时间，将每个域中最小的最大完工时间作为该域的品质目标。

Step 4：选区。从裙域和各个子域中选择最可能域，如果裙域被选中，转 Step 5；否则，转 Step 2。

Step 5：回溯。算法首先回溯到当前最可能域的超域。如果同一个当前最可能域回溯到同一超域的次数超过 100 次时，算法将回溯到全域，转 Step 1；如果同一个当前最可能域回溯到全域的次数超过 100 次时，算法将停止。从当前裙域中获得的最好解被返回。

六、结果对比分析

为验证上述模型和算法的有效性，进行了下面的实验。依据 Chu（1992）提出的产生带有不同释放时间的随机数据框架设置了算法数据：工件的正常处理时间通过 a_j 由（1，100）均匀分布随机产生；释放时间 r_j 服从（0，50.5$n\lambda$）均匀分布，其中 n 表示需加工工件的数目，λ 为控制变量，λ 分别取 0.2，1.0，3.0。B&B、RGNP 和 ONP 算法采用 C++ 语言实现，运行环境为 Intel（R）Core（TM）i7 - 2600CPU 3.40GHz PC 台式机。

基于上述设置，测试了 B&B、ILOG、RGNP 和 ONP 算法对问题进行求解的效率。

首先,测试了参数 λ 对算法时间绩效的影响,实验数据如下:

问题规模 $n=8$,控制变量 λ 取值为 $0.2 \sim 3.0$,步长为 0.2,恶化率 $b=0.05$,0.1。对于上述的每个条件,随机运行 100 次。当 $b=0.05$ 时,图 4-1 记录了 RGNP 和 ONP 的平均误差率,图 4-2 记录了

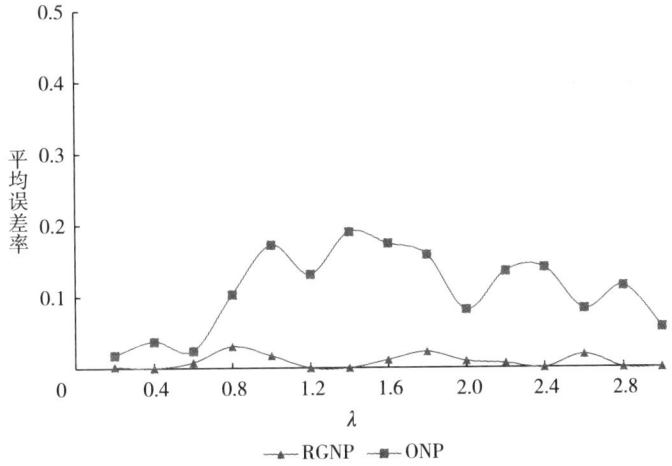

图 4-1　当 $b=0.05$ 时参数 λ 对算法平均误差率的影响

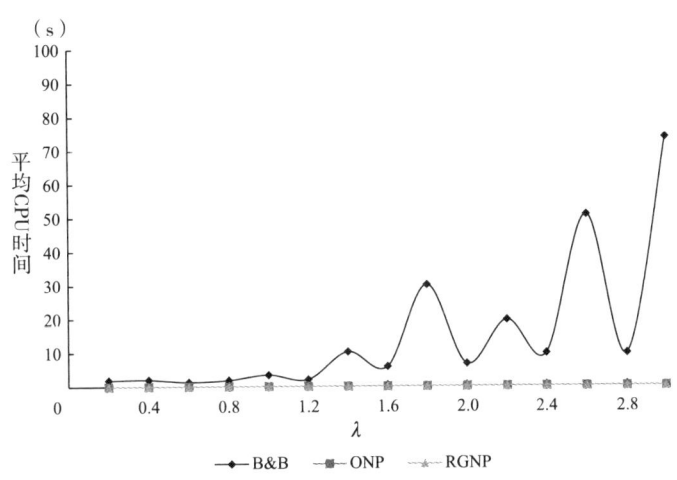

图 4-2　当 $b=0.05$ 时参数 λ 对算法时间绩效的影响

B&B、ILOG、RGNP 和 ONP 算法的平均运行时间；当 $b=0.1$ 时，图 4-3 记录 RGNP 和 ONP 的平均误差率，图 4-4 记录了 B&B、ILOG、RGNP 和 ONP 算法的平均运行时间。

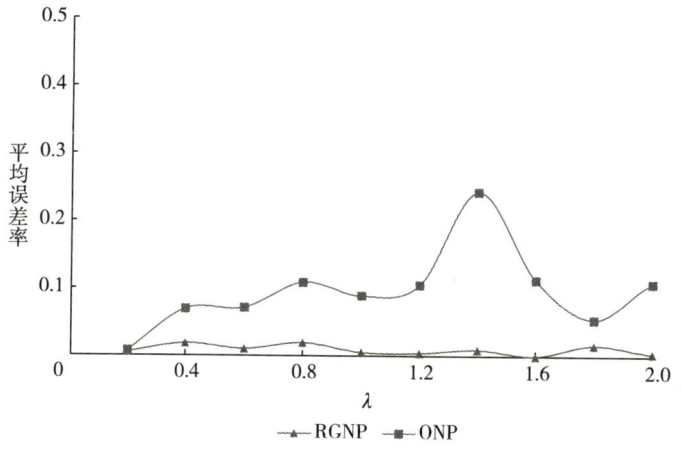

图 4-3 当 $b=0.1$ 时参数 λ 对算法平均误差率的影响

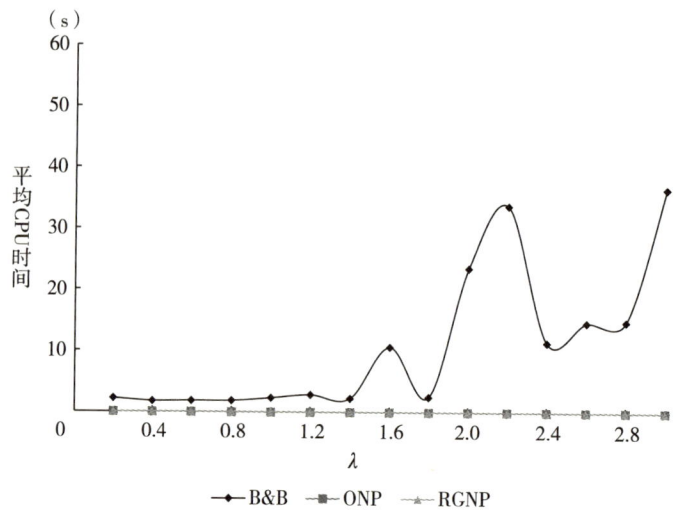

图 4-4 当 $b=0.1$ 时参数 λ 对算法时间绩效的影响

由图 4-1 和图 4-3 可知，当恶化率 $b=0.05$、$b=0.1$，控制变量 λ

在 0.2～3.0 变化时，RGNP 的平均误差率接近于 0 甚至在大多数情况下为 0；相比于 RGNP，ONP 算法的平均误差率是不稳定的且大于 0.2。

从图 4-2 和图 4-4 可知，当恶化率 $b=0.05$、$b=0.1$，控制变量 λ 在 0.2～3.0 变化时，RGNP 和 ONP 的平均运行时间都小于 1s；B&B 算法的运行时间从整体上看，随着 λ 的增加而延长，此外，对于当 $\lambda=3.0$ 时的实例，$b=0.05$ 的平均运行时间远远高于 $b=0.1$ 的平均运行时间。

其次，测试了恶化率 b 对算法时间绩效的影响，实验数据如下：

问题规模 $n=8$，控制变量 $\lambda=0.2,3.0$，恶化率 b 的取值为 0.025～0.5，步长为 0.025。对于上述的每个条件，随机运行 100 次。当 $\lambda=0.2$ 时，图 4-5 记录了 RGNP 和 ONP 的平均误差率，图 4-6 记录了 B&B、ILOG、RGNP 和 ONP 算法的平均运行时间；当 $\lambda=3.0$ 时，图 4-7 记录了 RGNP 和 ONP 的平均误差率，图 4-8 记录了 B&B、ILOG、RGNP 和 ONP 算法的平均运行时间。

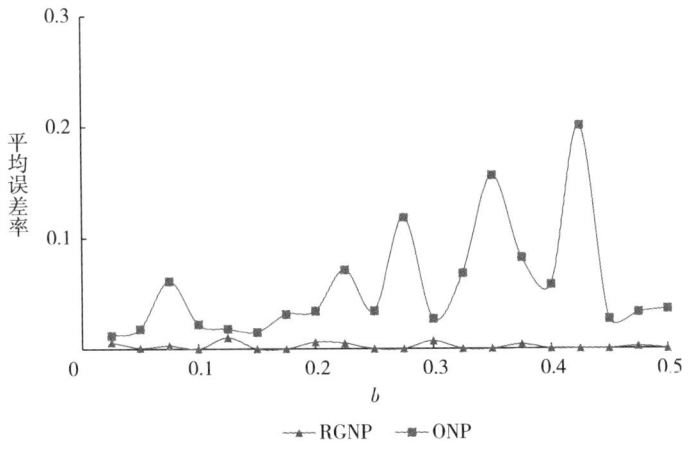

图 4-5 当 $\lambda=0.2$ 时参数 b 对算法平均误差率的影响

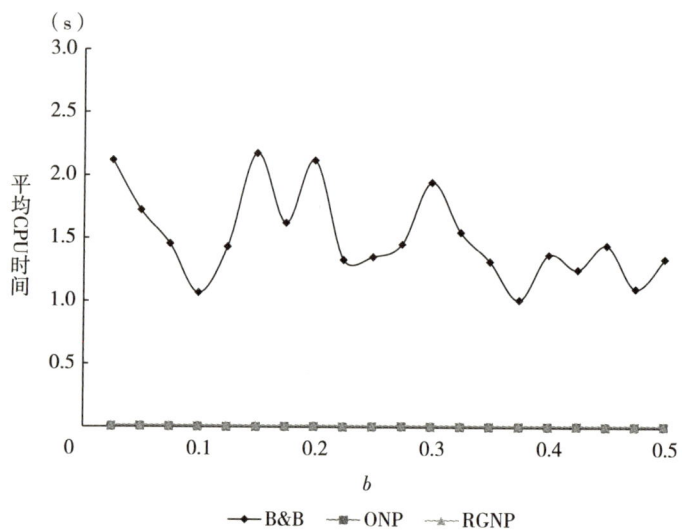

图 4-6　当 $\lambda=0.2$ 时参数 b 对算法时间绩效的影响

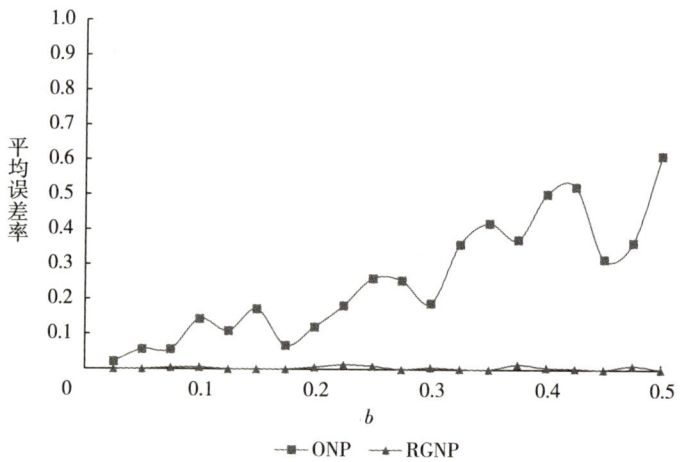

图 4-7　当 $\lambda=3.0$ 时参数 b 对算法平均误差率的影响

从图 4-5 和图 4-7 可知，当控制变量 $\lambda=0.2$、$\lambda=3.0$，恶化率 b 在 0.025~0.5 变化时，RGNP 的平均误差率在大多数情况下为 0；图 4-6 中，当 $\lambda=0.2$ 时，ONP 的平均误差率是不稳定的且最大误差率超过了 0.2；图 4-8 中，当 $\lambda=3.0$ 时，ONP 的平均误差率随着恶化率 b

的增加而增大。

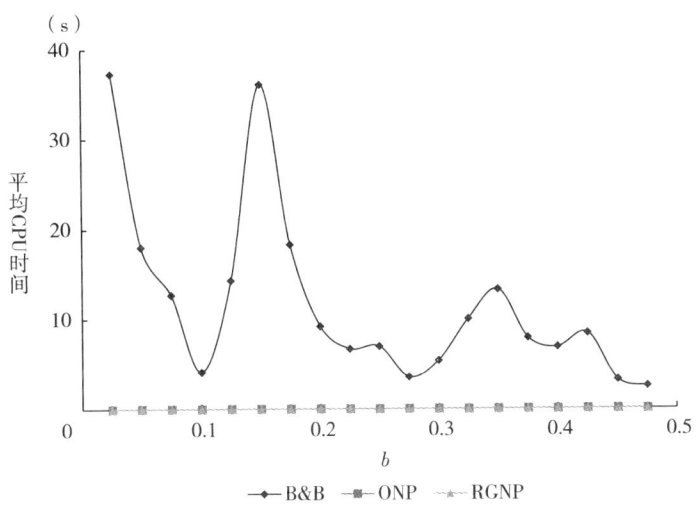

图 4-8 当 $\lambda=3.0$ 时参数 b 对算法时间绩效的影响

从图 4-6 可知，当 $\lambda=0.2$ 时，B&B 算法的平均运行时间不超过 2.5s；然而，在图 4-8 中可看到，当 $\lambda=3.0$ 时，B&B 算法需要更长的运行时间，尤其当 $b=0.05$ 时，B&B 算法的平均运行时间超过 30s。

因此，通过对控制变量 λ 和恶化率 b 的测试，可得出以下结论：①当工件的释放时间越分散且恶化率越小的时候，B&B 算法将需要花费更长的时间得到问题的最优解；②RGNP 的运行效率几乎不受控制变量 λ 和恶化率 b 的影响；③ONP 的运行时间几乎不受控制变量 λ 和恶化率 b 的影响，但平均误差率随着它们的变化而趋于不稳定。

最后，为能更好地验证 B&B、RGNP 和 ONP 的效率，进行了下面的实验。

实验数据如下：

控制变量 $\lambda=0.2$、$\lambda=1.0$、$\lambda=3.0$，恶化率 $b=0.05$、$b=0.1$。4

个不同的工件规模,即 $n=5$、$n=9$、$n=13$、$n=17$。针对每一组条件,随机运行 100 次。表 4-1 记录了 RGNP 和 ONP 算法的误差率 $var=(H-H^*)/H^*$,其中 H 是通过 RGNP 或 ONP 算法获得的解,H^* 是通过 B&B 算法获得的解。同时,表 4-1 也记录了 B&B、RGNP 和 ONP 算法的平均运行时间和 B&B 算法平均搜索的结点数。

表 4-1 各算法结果对比

n	b	λ	平均结点数	平均误差率		平均 CPU 时间(s)		
				RGNP	ONP	B&B	RGNP	ONP
5	0.05	0.2	30	0.000	0.000	1.07	0.00	0.00
		1.0	31	0.034	0.054	1.26	0.00	0.00
		3.0	38	0.000	0.000	0.94	0.00	0.00
	0.10	0.2	32	0.000	0.004	1.17	0.00	0.00
		1.0	31	0.000	0.000	1.36	0.00	0.00
		3.0	33	0.000	0.005	0.82	0.00	0.00
	平均值			0.005	0.010	1.10	0.00	0.00
9	0.05	0.2	650	0.000	0.002	1.50	0.01	0.00
		1.0	234	0.010	0.106	1.21	0.01	0.01
		3.0	2380	0.000	0.012	114.30	0.01	0.00
	0.10	0.2	525	0.000	0.015	1.38	0.01	0.00
		1.0	113	0.000	0.070	11.04	0.01	0.00
		3.0	1210	0.016	0.071	21.53	0.01	0.01
	平均值			0.004	0.046	25.16	0.01	0.00
13	0.05	0.2	1808	0.008	0.028	16.88	0.04	0.02
		1.0	576	0.016	0.300	51.19	0.05	0.02
		3.0	2275	0.000	0.031	6041.71	0.06	0.01
	0.10	0.2	6575	0.028	0.057	13.16	0.04	0.02
		1.0	2370	0.021	0.221	35.32	0.05	0.02
		3.0	5044	0.000	0.109	1735.06	0.04	0.01

第四章 处理时间依赖等待时间恶化的单机调度问题

续表

n	b	λ	平均结点数	平均误差率		平均CPU时间（s）		
				RGNP	ONP	B&B	RGNP	ONP
平均值				0.012	0.124	1315.55	0.04	0.02
17	0.05	0.2	182058	0.018	0.038	1007.11	0.18	0.07
		1.0	20433	0.015	0.200	1222.28	0.18	0.07
		3.0	6794	0.012	0.216	38012.51	0.18	0.07
	0.10	0.2	50375	0.048	0.116	610.34	0.12	0.07
		1.0	25439	0.022	0.444	1958.67	0.12	0.07
		3.0	64627	0.012	0.245	18292.45	0.12	0.07
平均值				0.021	0.209	10183.89	0.15	0.07

根据表 4-1，可获得各算法平均运行时间关于问题规模的趋势图，如图 4-9 所示。由图 4-9 可知，ONP、RGNP 算法随着问题规模的逐渐增大，所需时间缓慢增加；B&B 算法的运行时间随着规模的增大迅速增大。当 $n=17$，$b=0.05$，$\lambda=3.0$ 时，B&B 算法所需平均时间超过了 10 小时。

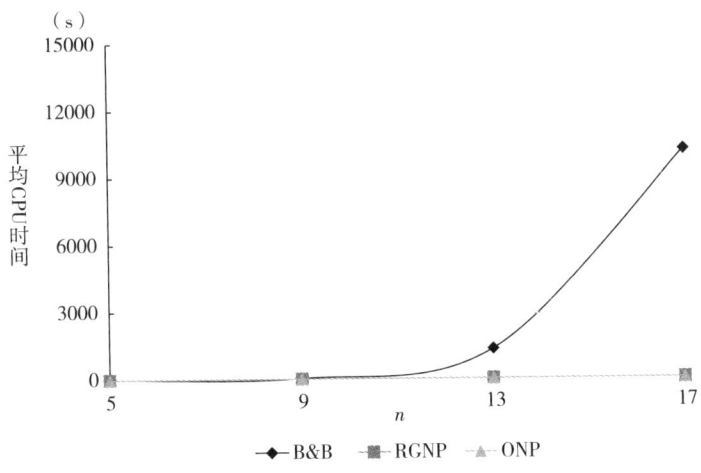

图 4-9 各算法平均运行时间关于问题规模 n 的趋势

同样，从表4-1可获得 ONP 和 RGNP 平均误差率关于问题规模的趋势图，如图4-10所示。由图4-10可知，RGNP 的平均误差率是比较稳定的，问题规模的增大对其影响并不明显，其最大的平均误差率为 0.048；而 ONP 的平均误差率随着问题规模的增大越来越大，且误差率很大，其最大的平均误差率为 0.444。

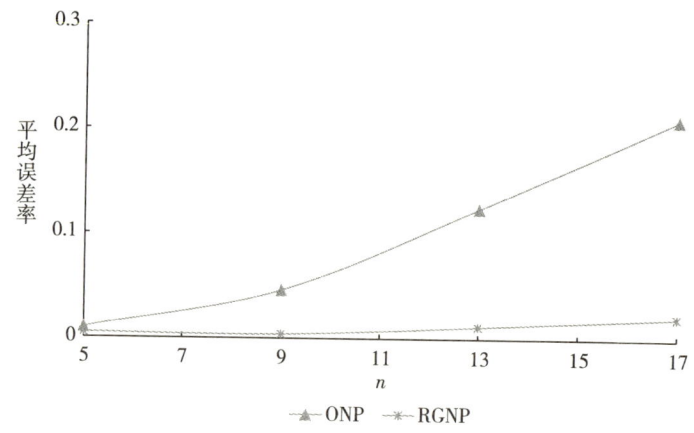

图4-10　各算法平均误差率关于问题规模 n 的趋势

因此，当问题规模不超过17时且需要最优解时，推荐使用 B&B 算法；当需要在较短的时间内获得问题的好的近优解时，RGNP 算法是比较好的选择。

第二节　依赖等待时间分段线性恶化的单机调度问题

在实际问题中，常常遇到工件处理时间达到一定程度将不再继续恶化下去，如在钢铁工业中，铸锭温度降到常温后，温度将不会再变化。为满足这种情况，本节研究了工件处理时间依赖等待时间分段线性恶化的单机调度问题。在此，工件的处理时间被定义为其等待时间的分段线性函数，即在等待的初始阶段，工件的处理时间随着等待时间延长而增加，当等待时间达到一个定值时，工件的处理时间将不再随着等待时间延长而发生变化。Cheng 等（1998b）证明了以最小化最大完工时间为目标，具有不同释放时间工件的处理时间是其开始时间函数的单机调度问题是 NP-complete 问题。由此可知，以最小化最大完工时间为目标，工件处理时间依赖等待时间分段线性恶化的单机调度问题也是 NP-complete 问题。

一、问题描述

首先，给出下列参数定义：

$J = \{J_1, J_2, \cdots, J_n\}$：表示需要被加工的工件集合。

a_j：表示工件 J_j（$j=1, 2, \cdots, n$）正常的处理时间（$a_j > 0$）。

r_j：表示工件 J_j（$j=1, 2, \cdots, n$）的释放时间（$r_j \geq 0$）。

b：表示所有工件的恶化率（$b > 0$）。

s_j：表示工件 J_j 开始被加工的时间。

p_j：表示工件 J_j 的实际处理时间，即 $p_j = \begin{cases} a_j + b(s_j - r_j) & s_j - r_j < W \\ a_j + bW & s_j - r_j \geq W \end{cases}$。

其中，W 是一个定值，即当工件的等待时间大于 W 时，工件的实际处理时间将不再恶化，换言之，恶化工件的最大处理时间为 $a_j + bW$。

$C_j(S)$：表示调度 S 中工件 J_j 的完工时间。

$C_{\max}$：表示最大完工时间。

假设机器每次只能加工一个工件，每个工件只加工一次，工件无优先权，且一旦开始加工工件将不可打断，直到处理完该工件。

基于以上假设，工件处理时间依赖等待时间分段线性恶化的最小

化最大完工时间的单机调度问题可以描述为：对于 n 个带有释放时间，处理时间，恶化率的工件 J_j（$j=1$，2，$\cdots$，n）需要在机器上被加工，目标是找到一个最优的调度 S^* 使得最大完工时间 $C_{\max}$ 最小。应用三参数方法（Graham et al.，1979），可将该问题表示为 $1|p_j = a_j + b(s_j - r_j)$ 或 $p_j = a_j + bW$，$r_j|C_{\max}$。

二、支配性质

设调度 $S = (\pi, J_i, J_j, \pi')$ 和 $S' = (\pi, J_j, J_i, \pi')$，其中调度 S 中工件 J_i 位于位置 k，π 和 π' 是部分序列；t 是 π 中最后一个工件的完工时间。基于此假设，提出了以下优先支配性质：

性质 4-4 如果所有工件的释放时间相同，则最优序列可通过 a_j 非递减排列得到。

性质 4-5 如果 $t < r_i < r_j$ 且 $r_i + a_i < r_j$，则最优序列中工件 J_i 优先于 J_j。

性质 4-6 如果 $r_j < r_i < t$ 且 $t - r_i < W < t - r_j$，则最优序列中工件 J_i 优先于 J_j。

性质 4-7 如果 $t \leqslant \min\{r_i, r_j\}$ 且 $2r_i + a_i < 2r_j + a_j$，则最优序列中工件 J_i 优先于 J_j；特殊地，当 $W < (r_i - r_j) + a_i$ 时，最优序列中工件 J_i 和 J_j 具有相同的优先级。

性质 4-8 如果 $t \geqslant \max\{r_i, r_j\}$，$t - r_j > W$ 且 $t + a_j - r_i < (1-b)W$，则最优序列中工件 J_i 优先于 J_j。

上述证明可通过内部相邻交换方法获得，故在此省略。

三、下界

根据问题的性质，下文给出工件处理时间依赖等待时间分段线性恶化的最小化最大完工时间的单机调度问题的几个下界。

第四章 处理时间依赖等待时间恶化的单机调度问题

设 S 是已调度 k 个工件的序列集合；$C_{[k]}$ 是 S 中第 k 个工件的完工时间，特殊地，$C_{[0]}=0$；US 是未调度工件的集合；f^* 是最优目标函数值。

命题 4-4 $LB_1 = \max\limits_{j \in US}(r_j + a_j)$ 是基于最优完工时间上的一个下界。

证明：在一个最优调度中，US 中的每个工件 J_j 的开始时间将晚于它的释放时间且它的完工时间应早于或等于最优目标函数值 f^*，因此，$f^* \geq \max\limits_{j \in US}\{r_j + p_j\} \geq \max\limits_{j \in US}\{r_j + a_j\}$，即 $LB_1 = \max\limits_{j \in US}\{r_j + a_j\}$。

命题 4-5 $LB_2 = r_j + a_j, j \in \{j | r_j = \max\limits_{j \in US} r_j\}$ 是基于最优完工时间上的一个下界。

证明：在一个最优调度中，US 中具有最大释放时间的工件 J_j 的开始时间将晚于它的释放时间且它的完工时间应早于或等于最优目标函数值 f^*，因此，$f^* \geq r_j + a_j, j \in \{j | r_j = \max\limits_{j \in US} r_j\}$，即 $LB_2 = r_j + a_j, j \in \{j | r_j = \max\limits_{j \in US} r_j\}$。

命题 4-6 $LB_3 = \min\limits_{j \in US} r_j + \sum\limits_{j \in US} a_j$ 是基于最优完工时间上的一个下界。

证明：在一个最优调度中，US 中的每个工件 J_j 的开始时间将晚于 $r_{\min}$ 且它的完工时间不晚于最优目标函数值 f^*，即 US 中的每个工件 J_j 将在 $[r_{\min}, f^*]$ 这个时间段被处理。因此，$f^* \geq \min\limits_{j \in US} r_j + \sum\limits_{j \in US} p_j \geq \min\limits_{j \in US} r_j + \sum\limits_{j \in US} a_j$，即 $LB_3 = \min\limits_{j \in US} r_j + \sum\limits_{j \in US} a_j$。

命题 4-7 $LB_4 = C_{[k]} + \sum\limits_{j \in US} a_j$ 是最优完工时间的一个下界。

证明：在一个最优调度中，US 中的每个工件 J_j 的开始时间将晚于已调度的工件的完工时间 $C_{[k]}$，且它的完工时间不晚于最优目标函数值 f^*，即 US 中的每个工件 J_j 将在 $[C_{[k]}, f^*]$ 这个时间段被处理，且对于释放时间小于 $C_{[k]}$ 的 J_j，则实际处理时间大于或等于 $\min(C_{[k]} - r_j, W)$，因此，$f^* \geq C_{[k]} + \sum_{j \in \{r_j \mid C_{[k]} > r_j\}} b\min(C_{[k]} - r_j, W) + \sum_{j \in US} p_j \geq C_{[k]} + \sum_{j \in US} a_j$，即 $LB_4 = C_{[k]} + \sum_{j \in US} a_j$。

综上，为了获得一个更好的下界，则令下界为：$LB = \max\limits_{b=1,2,3,4} LB_b$。

四、分枝定界算法

本节应用的分枝定界算法与第三章第二节相似。同样地，算法主要包括以下几个元素：

第一，结点。一棵搜索树由许多结点组成，每个结点代表部分调度序列。

第二，分枝。分枝过程是指当前活结点产生所有孩子结点的过程，每个孩子结点代表一个分枝。

第三，带有删除结点的搜索策略。深度优先搜索被应用到搜索策略中，具体步骤如下：

Step 1：产生当前扩展结点的所有孩子结点。

Step 2：在所有的孩子结点中，根据性质 4-4 至性质 4-8 消除不包含最优调度的结点。

Step 3：将所有孩子中剩余的结点加入到活结点表中。

Step 4：从活结点表中选择一个结点作为下一个扩展结点，一直搜索直到达到最大的深度。

第四，上界和下界。在算法的初始状态，分别通过最短处理时间规则和最早优先规则获得两个调度序列，计算它们的完工时间。选择它们之中最小的一个作为上界，在算法搜索的过程中，它将会被更好的解取代。下界是用来消去不可能产生最优解的结点，即优先支配性质不能消去新扩展的结点，则计算它的下界。

第四章 处理时间依赖等待时间恶化的单机调度问题

第五，回溯。当前活结点的所有孩子结点已经被搜索时，算法将回溯到当前活节点的父结点，将继续搜索父结点的其他孩子结点。

由上述各元素的功能，分枝定界算法步骤总结如下：

Step 1：初始化。计算问题的初始上界。

Step 2：分枝。产生当前活结点的孩子结点。

Step 3：搜索策略。选择最近产生的结点为当前活结点并扩展。应用优先支配性质 4-4 至性质 4-8 消除不能产生最优解的扩展结点的孩子结点。

Step 4：下界。若孩子结点不能被优先支配性质 4-4 至性质 4-8 删除，则计算该孩子结点的下界。如果该下界小于当前最优解，将继续搜索它的分枝；若该孩子结点的下界等于上界，转 Step 6；否则，消去该结点，继续搜索当前活结点的其他孩子结点。当一个完整的调度序列获得时，它的最大完工时间将取代当前最优解。

Step 5：回溯。算法将回溯到当前活结点的父结点，继续搜索父结点的其他孩子结点。如果没有未搜索的结点，转 Step 6；否则，转 Step 2。

Step 6：算法停止，输出一个最优解。

五、规则引导的嵌套分割方法

随着问题规模不断增大，分枝定界算法得到最优解需要的时间将延长。因此，提出了规则引导的嵌套分割方法。RGNP 方法包括以下重要的元素，即分割与停止、抽样、选区和回溯。

（一）分割与停止

给定一个集合 $J = \{J_1, J_2, \cdots, J_n\}$，它的所有全排列组成了一个解空间。当深度为 0 时，最可能域 $\sigma(0)$ 为全部解空间，为确定

$J_1, J_2, \cdots, J_n$ 其中一个作为在机器上被加工的第一个工件,将最可能域分割为 n 个子域。相似地,当深度为 1 时,为确定在机器上加工的第二个工件,将最可能域 $\sigma(1)$ 分割为 $n-1$ 个子域。以此类推,当深度为 d 时,为确定在机器上加工的第 $d+1$ 个工件,将当前最可能域分割为 $n-d$ 个子域。当前最可能域一直被分割直到当前最可能域仅包含一个解。此分解过程与图 3-1 相同。

此外,对于算法总是回溯的情况,如果同一个最可能域回溯到全域的次数超过 100 时,算法停止。

(二) 抽样

为能得到更好的解和使算法收敛速度加快,规则引导的抽样方法和随机抽样方法被分别应用到了子域和裙域中。

1. 规则引导的抽样

为找到下一个深度的最可能域,下面三个启发式规则被应用到子域抽样中:

规则 1:从未调度的工件中随机获得一个部分序列。

规则 2:将未调度的工件按照 $(1+b)\max(r_j, t) + a_j - br_j$ 非递减序列排列,获得一个部分序列,其中 t 为已调度工件序列中最后一个工件的完工时间,特殊地,当深度为 0 时,$t = 0$。

规则 3:将未调度的工件按照最短处理时间规则排列,获得一个部分序列。

规则 4:将未调度的工件按照最早优先规则排列,获得一个部分序列。

通过上述规则获得的部分序列与已调度的部分序列组成一个完整的调度序列,即三个抽样,它们对应于子域问题的解。

2. 随机抽样

相对于子域，在裙域中，随机抽取一个完整的调度序列作为裙域的样本。

（三）选区

计算从抽样过程中获得的每个样本的最大完工时间，对于子域，选择具有最小最大完工时间作为该子域的品质目标。在所有子域和裙域中将最小品质目标定义为 R^*。则在下一个深度的最可能域通过以下几种情况决定：

情况 1：如果 R^* 对应于当前最可能域的一个特定的子域，则该子域将作为下一个深度的最可能域被分割。

情况 2：如果 R^* 对应于当前最可能域的一个或多个子域，则随机选取它们其中一个将作为下一个深度的最可能域被分割。

情况 3：如果 R^* 对应于裙域，则算法回溯，关于回溯下面将详细介绍。

情况 4：如果 R^* 同时对应于裙域和当前最可能域的一个子域，则随机选择它们之中一个。若选择的是子域，则将其作为下一个深度的最可能域被分割；若选择的是裙域，则算法回溯。

（四）回溯

当裙域被选中时，算法将回溯到当前最可能域的超域。如果算法总是从同一个最可能域回溯到同一个超域，当次数超过 100 时，算法将回溯到全域。

根据上述元素的各个功能，RGNP 方法伪代码与图 4-1 相似，算法步骤如下：

Step 1：初始化。初始的最可能域作为全域，初始的裙域为 ϕ。

Step 2：分割与停止规则。如果当前最可能域仅包含一个单独的解，则算法停止，至今为止最好的解被返回；否则，当前最可能域根据分割策略被分割成若干子域。

Step 3：抽样。根据规则引导的抽样方法从每个子域中获得四个样本，根据随机抽样方法从裙域中获得一个样本。通过计算每个样本的最大完工时间，将每个域中最小的最大完工时间作为该域的品质目标。

Step 4：选区。从裙域和各个子域中选择最可能域，如果裙域被选中，转 Step 5；否则，转 Step 2。

Step 5：回溯。算法首先回溯到当前最可能域的超域。如果同一个当前最可能域回溯到同一超域的次数超过 100 次时，算法将回溯到全域，转 Step 1；如果同一个当前最可能域回溯到全域的次数超过 100 次时，算法将停止，从当前裙域中获得的最好解被返回。

六、最小完成时间启发式算法

根据问题的特点，下文提出了最小完成时间启发式算法（Heuristic Algorithm Based on Minimum Completion Time，HAMC），具体步骤如下：

Step 1：参数的初始化。设 $k=1$，$i=1$，$C_{[k]}$ 表示第 k 个工件的完工时间，$C_{[0]} = 0$，$r_{max} = \max\limits_{j=1}^{n} r_j$ 以及 $J = \{1, 2, \cdots, n\}$。

Step 2：若 $C_{[k-1]} < r_{max}$，则从 J 中选择一个具有最小 $\max(r_j, C_{[k-1]}) + a_j + b\min(W, \max(r_j, C_{[k-1]}) - r_j)$ 的工件 J_j 安排到第 k 个位置，设 $C_{[k]} = \max(r_j, C_{[k-1]}) + a_j + b\min(W, \max(r_j, C_{[k-1]}) - r_j)$，并将 J_j 从 J 删除，转 Step 4；否则，转 Step 3。

Step 3：从 J 中选择一个具有最小 a_j 的工件安排到第 k 个位置，并将 J_j 从 J 删除，设 $C_{[k]} = \max(r_j, C_{[k-1]}) + a_j + b\min(W, \max(r_j,$

$C_{[k-1]}) - r_j)$,转 Step 4。

Step 4：若 $k<n$，设 $k=k+1$，转 Step 2。

Step 5：算法结束，输出最好解。

七、结果对比分析

为验证上述算法的有效性，进行了下面的实验。依据 Chu（1992）提出的产生带有不同释放时间的随机数据框架设置了算法数据：工件的正常处理时间通过 a_j 由（1，100）均匀分布随机产生；释放时间 r_j 服从（0，$50.5n\lambda$）均匀分布，其中 n 表示需加工工件的数目，λ 为控制变量，最大的等待时间 $W = \sum_{j=1}^{n} a_j$。B&B、RGNP、HAMC 和 ONP 算法采用 C++ 语言实现，运行环境为 Intel（R）Core（TM）i7 - 2600CPU 3.40GHz PC 台式机。

基于上述设置，测试了 B&B、RGNP、HAMC 和 ONP 算法对问题进行求解的效率。

首先，测试了参数 λ 对算法时间绩效的影响，实验数据如下：

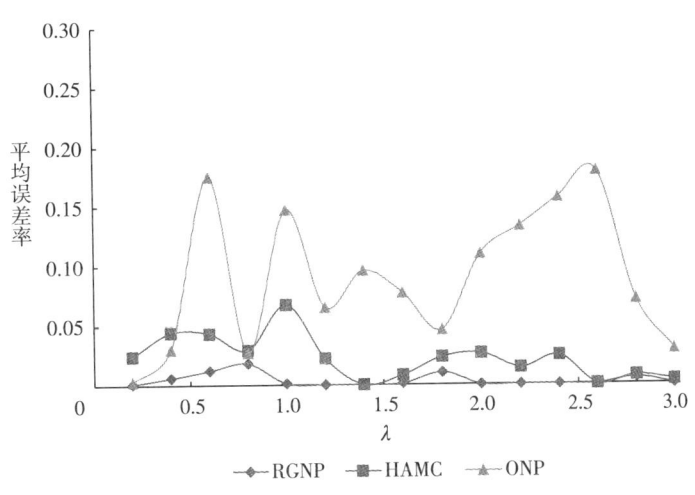

图 4-11 当 $b=0.05$ 时参数 λ 对算法平均误差率的影响

问题规模 $n=6$,控制变量 λ 取值为 $0.2\sim 3.0$,步长为 0.2,恶化率 $b=0.05$、$b=0.1$。对于上述的每个条件,随机运行 100 次。当 $b=0.05$ 时,图 4-11 记录了 RGNP、HAMC 和 ONP 的平均误差率,图 4-12 记录了 B&B、HAMC、RGNP 和 ONP 算法的平均运行时间;当 $b=0.1$ 时,图 4-13 记录 RGNP、HAMC 和 ONP 的平均误差率,图 4-14 记录了 B&B、HAMC、RGNP 和 ONP 算法的平均运行时间。

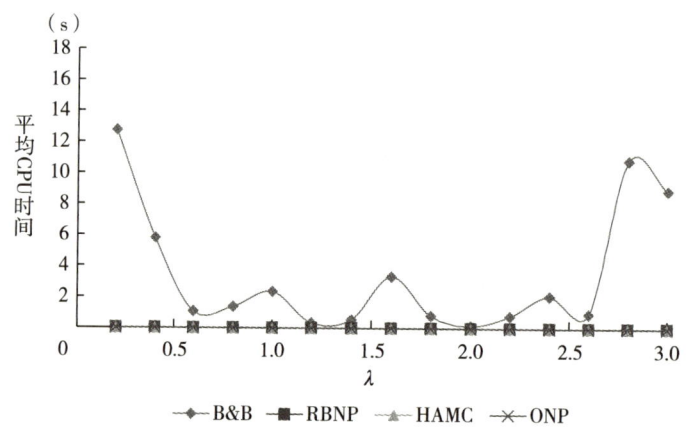

图 4-12 当 $b=0.05$ 时参数 λ 对算法时间绩效的影响

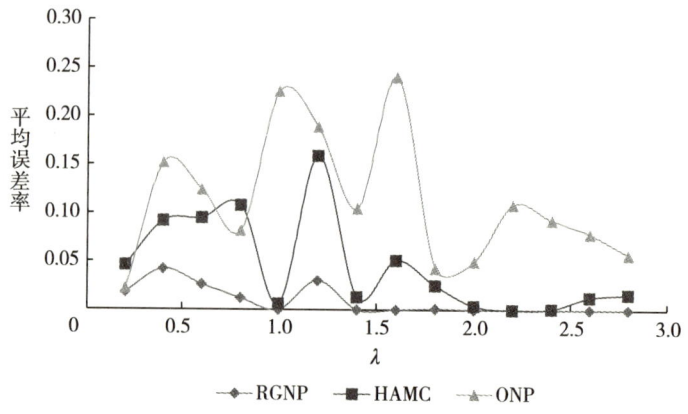

图 4-13 当 $b=0.1$ 时参数 λ 对算法平均误差率的影响

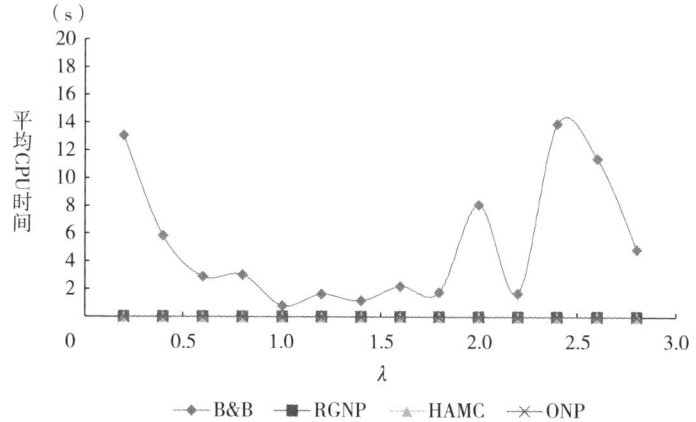

图 4-14 当 $b=0.1$ 时参数 λ 对算法时间绩效的影响

从图 4-11 和图 4-13 可知，当恶化率 $b=0.05$、$b=0.1$，控制变量 λ 在 0.2~3.0 变化时，RGNP 的平均误差率接近于 0 甚至在大多数情况下为 0；相比于 RGNP、ONP 算法的平均误差率表现出不稳定性且较大，而 HAMC 的平均误差率介于前两者之间。

从图 4-12 和图 4-14 可知，当恶化率 $b=0.05$、$b=0.1$，控制变量 λ 在 0.2~3.0 变化时，RGNP、HAMC 和 ONP 的平均运行时间都小于 1s；B&B 算法的运行时间从整体上看，当 λ 趋向于很小或者很大时，其运行时间迅速增加，当 λ 在 0.4~2.0 变化时，其运行时间较短。

其次，测试了恶化率 b 对算法时间绩效的影响，实验数据如下：

问题规模 $n=6$，控制变量 $\lambda=0.2$，3.0，恶化率 b 的取值为 0.025~0.5，步长为 0.025。对于上述的每个条件，随机运行 100 次。当 $\lambda=0.2$ 时，图 4-15 记录了 RGNP、HAMC 和 ONP 的平均误差率，图 4-16 记录了 B&B、HAMC、RGNP 和 ONP 算法的平均运行时间；当 $\lambda=3.0$ 时，图 4-17 记录了 RGNP、HAMC 和 ONP 的平均误差率，图 4-18 记录了 B&B、HAMC、RGNP 和 ONP 算法的平均运

行时间。

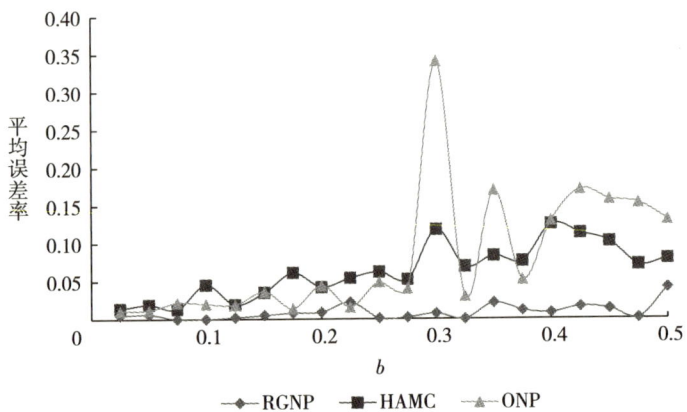

图4-15 当 $\lambda=0.2$ 时参数 b 对算法平均误差率的影响

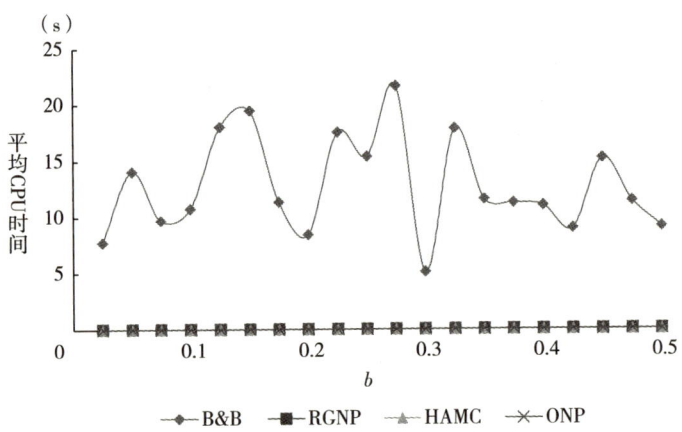

图4-16 当 $\lambda=0.2$ 时参数 b 对算法时间绩效的影响

从图4-15和图4-17可知，当控制变量 $\lambda=0.2$、$\lambda=3.0$，恶化率 b 在0.025~0.5变化时，RGNP的平均误差率都小于0.05且接近于0；图4-15中，当 $\lambda=0.2$ 时，ONP的平均误差率是不稳定的且最大误差率超过了 0.3,HAMC 的平均误差率介于 RGNP 和 ONP 之间。图 4-17 中,当 $\lambda=3.0$ 时,ONP 的平均误差率随着恶化率 b 的增加而增大,而 HAMC 的平均误差率仍然位于 RGNP 和 ONP 两者之间。

从图 4-16 可知,当 $\lambda=0.2$ 时,B&B 算法的平均运行时间不超过 25s;然而,在图 4-18 中可看到,当 $\lambda=3.0$ 时,B&B 算法需要更长的运行时间,尤其当 b 越小时,B&B 算法的平均运行时间将越长。

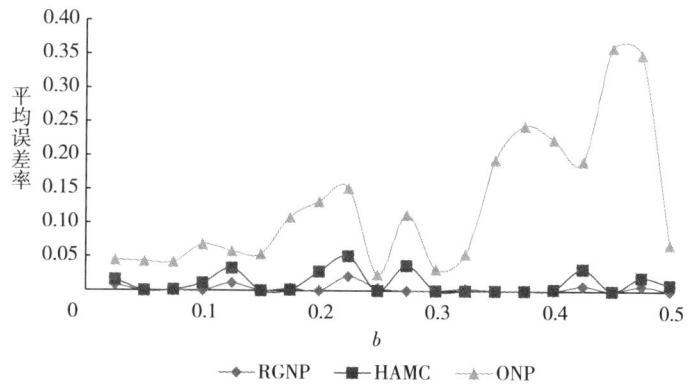

图 4-17 当 $\lambda=3.0$ 时参数 b 对算法平均误差率的影响

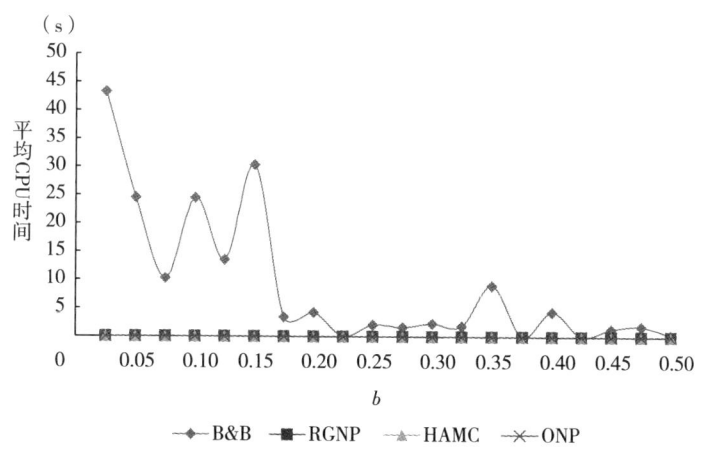

图 4-18 当 $\lambda=3.0$ 时参数 b 对算法时间绩效的影响

因此，通过对控制变量 λ 和恶化率 b 的测试，可得出以下结论：①当工件的释放时间越分散且恶化率越小的时候，B&B 算法需要花费更长的时间获得问题的最优解；②RGNP 的运行效率几乎不受控制变量 λ 和恶化率 b 的影响；③HAMC 的运行效率介于 RGNP 和 ONP 之间，且受控制变量 λ 和恶化率 b 的影响不大；④ONP 的运行时间几乎不受控制变量 λ 和恶化率 b 的影响，但平均误差率由于它们的变化而趋于不稳定。

最后，为能更好地验证 B&B、HAMC、RGNP 和 ONP 的效率，进行了下面两个实验：

一是测试了 B&B、RGNP、HAMC 和 ONP 对于中小规模问题的效率。实验数据如下：控制变量 $\lambda = 0.2$、1.0、3.0，恶化率 $b = 0.05$、0.1。6 个不同的工件规模，即 $n = 5$、7、9、11、13、15。针对每一组条件，随机运行 100 次。表 4-2 记录了 RGNP、HAMC 和 ONP 算法的误差率 $var = (H - H^*)/H^*$，其中 H 是通过 RGNP、HAMC 或 ONP 算法获得的解，H^* 是通过 B&B 算法获得的最优解。同时，表 4-2 也记录了 B&B、RGNP、HAMC 和 ONP 算法的平均运行时间和 B&B 算法平均搜索的结点数。

表 4-2 基于最优解各算法计算结果对比

n	b	λ	平均节点数	平均误差率			平均 CPU 时间（s）			
				RGNP	HAMC	ONP	B&B	RGNP	HAMC	ONP
5	0.05	0.2	80	0.030	0.039	0.031	1.143	0.003	0.004	0.001
		1.0	46	0.000	0.001	0.254	0.348	0.004	0.001	0.002
		3.0	69	0.000	0.000	0.000	0.421	0.003	0.003	0.002
	0.10	0.2	131	0.012	0.022	0.013	1.921	0.003	0.001	0.002
		1.0	55	0.000	0.000	0.033	0.602	0.003	0.003	0.002

续表

n	b	λ	平均节点数	平均误差率			平均CPU时间（s）			
				RGNP	HAMC	ONP	B&B	RGNP	HAMC	ONP
		3.0	37	0.000	0.010	0.041	0.067	0.003	0.004	0.002
	平均值			0.007	0.012	0.062	0.750	0.003	0.002	0.002
7	0.05	0.2	2250	0.002	0.012	0.015	6.215	0.014	0.002	0.002
		1.0	121	0.000	0.007	0.075	0.208	0.012	0.005	0.003
		3.0	1490	0.000	0.000	0.013	6.415	0.013	0.003	0.003
	0.10	0.2	3695	0.008	0.047	0.012	6.706	0.009	0.005	0.008
		1.0	70	0.000	0.000	0.291	0.027	0.011	0.005	0.003
		3.0	763	0.000	0.009	0.106	3.190	0.008	0.006	0.008
	平均值			0.001	0.012	0.085	3.358	0.011	0.004	0.004
9	0.05	0.2	164701	0.006	0.023	0.008	180.447	0.028	0.006	0.003
		1.0	1356	0.000	0.000	0.175	1.090	0.031	0.006	0.003
		3.0	4313	0.000	0.002	0.127	3.082	0.031	0.006	0.003
	0.10	0.2	9682	0.000	0.059	0.004	8.802	0.031	0.006	0.003
		1.0	399	0.004	0.012	0.187	2.068	0.016	0.016	0.015
		3.0	169557	0.000	0.000	0.037	160.362	0.016	0.015	0.015
	平均值			0.002	0.016	0.089	59.308	0.025	0.009	0.007
11	0.05	0.2	370784	0.000	0.022	0.027	1309.532	0.032	0.015	0.013
		1.0	65210	0.011	0.062	0.189	290.845	0.044	0.016	0.013
		3.0	254639	0.006	0.011	0.046	318.612	0.045	0.015	0.016
	0.10	0.2	63471	0.016	0.073	0.036	185.452	0.047	0.016	0.015
		1.0	409939	0.021	0.093	0.373	159.736	0.044	0.015	0.016
		3.0	88025	0.000	0.000	0.000	1116.147	0.047	0.016	0.16
	平均值			0.009	0.043	0.111	713.387	0.043	0.015	0.038
13	0.05	0.2	3956334	0.033	0.039	0.044	4330.128	0.047	0.016	0.015
		1.0	175396	0.007	0.084	0.141	300.670	0.078	0.015	0.032
		3.0	2372912	0.002	0.071	0.132	1100.308	0.078	0.015	0.015
	0.10	0.2	787922	0.007	0.083	0.035	1463.735	0.078	0.031	0.016
		1.0	6590	0.044	0.091	0.124	210.570	0.078	0.016	0.031

续表

n	b	λ	平均节点数	平均误差率			平均 CPU 时间（s）			
				RGNP	HAMC	ONP	B&B	RGNP	HAMC	ONP
		3.0	258226	0.003	0.053	0.143	3780.062	0.078	0.016	0.015
平均值				0.016	0.070	0.103	1864.246	0.072	0.018	0.020
15	0.05	0.2	53250447	0.003	0.052	0.322	19272.428	0.125	0.035	0.031
		1.0	32685	0.012	0.131	0.600	1620.129	0.130	0.046	0.031
		3.0	10988782	0.021	0.089	0.704	9377.331	0.125	0.032	0.030
	0.10	0.2	10258684	0.008	0.091	0.891	90089.424	0.125	0.032	0.031
		1.0	252483	0.036	0.021	0.483	2680.127	0.130	0.046	0.047
		3.0	31243455	0.002	0.021	0.178	13535.881	0.125	0.046	0.032
平均值				0.014	0.067	0.529	22762.55	0.126	0.039	0.033

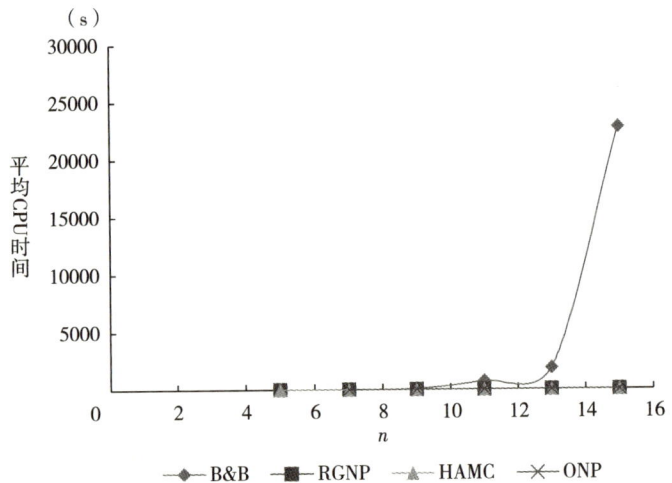

图 4-19　各算法平均运行时间关于问题规模 n 的趋势

根据表 4-2，可获得各算法平均运行时间关于问题规模的趋势图，如图 4-19 所示。由图 4-19 可知，ONP、RGNP 和 HAMC 算法随着问题规模的缓慢增大，所需时间缓慢增加；B&B 算法的运行时间随着规模的增大迅速增加。

同样，从表4-2可获得ONP、RGNP和HAMC算法平均误差率关于问题规模的趋势图，如图4-20所示。由图4-20可知，RGNP的平均误差率是比较稳定的，规模的增大对其影响并不明显；ONP的平均误差率随着规模的增大越来越大，且误差率很大，HAMC介于上述两者之间。

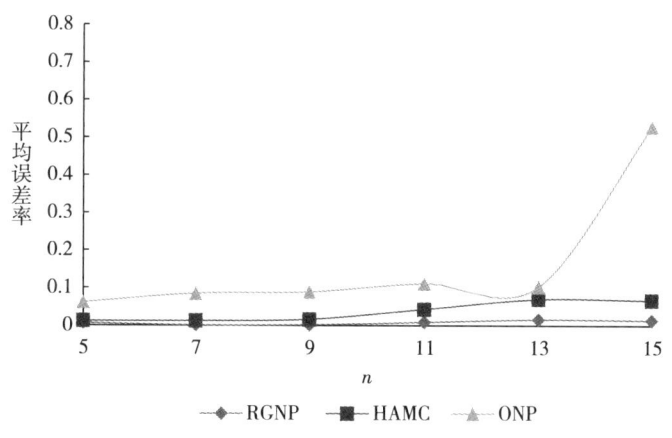

图4-20　各算法平均误差率关于问题规模 n 的趋势

二是测试了RGNP、HAMC和ONP对于中大规模问题的效率。实验数据如下：工件规模 $n=30$、40、50，控制变量 $\lambda=0.2$、1.0、3.0，恶化率 $b=0.05$、0.1。针对每一组条件，随机运行100次。表4-3记录了RGNP、HAMC和ONP算法的相对于三种算法得到的最好解的误差率 $var=(H-H^*)/H^*$，其中 H 是通过RGNP、HAMC和ONP算法获得的解，H^* 是它们获得的最好解。同时，表4-3也记录了HAMC、RGNP和ONP算法的平均运行时间。

表 4-3　基于近优解各算法计算结果对比

n	b	λ	平均误差率			CPU 运行时间（s）		
			RGNP	HAMC	ONP	RGNP	HAMC	ONP
30	0.05	0.2	0.009	0.049	0.091	1.755	0.297	0.319
		1.0	0.000	0.092	0.674	1.872	0.299	0.323
		3.0	0.000	0.000	0.209	1.877	0.297	0.331
	0.10	0.2	0.092	0.040	0.092	1.806	0.305	0.328
		1.0	0.000	0.092	0.277	1.862	0.297	0.338
		3.0	0.003	0.000	0.662	1.881	0.286	0.323
	平均值		0.017	0.045	0.334	1.842	0.296	0.327
40	0.05	0.2	0.042	0.016	0.112	5.325	0.686	0.883
		1.0	0.000	0.117	0.301	5.741	0.684	0.872
		3.0	0.000	0.001	0.461	5.702	0.661	0.845
	0.10	0.2	0.035	0.144	0.379	5.381	0.694	0.891
		1.0	0.048	0.063	0.697	5.627	0.664	0.862
		3.0	0.002	0.000	0.401	5.661	0.642	0.878
	平均值		0.021	0.056	0.391	5.572	0.671	0.871
50	0.05	0.2	0.015	0.114	0.199	12.272	1.286	1.767
		1.0	0.004	0.096	0.684	13.720	1.331	1.941
		3.0	0.000	0.000	0.596	13.597	1.281	1.966
	0.10	0.2	0.011	0.149	0.324	12.806	1.313	1.900
		1.0	0.087	0.079	0.192	13.822	1.294	2.059
		3.0	0.000	0.001	0.421	14.850	1.364	2.191
	平均值		0.019	0.073	0.402	13.511	1.311	1.970

从表 4-3 可知，RGNP 算法获得的解的效率优于 HAMC 和 ONP 算法；ONP 算法随着问题规模的增大，获得的解越来越处于劣势；HAMC 算法的效率总体上较 RGNP 低，但远远好于 ONP 算法。

综上，当问题规模不超过 15 时且需要最优解时，B&B 算法可以作为一种方法被推荐；当需要在较短的时间内获得问题规模较大的好的近优解时，RGNP 和 HAMC 算法是比较好的选择。

本章小结

本章基于工件处理时间依赖等待时间恶化的情况,对处理时间依赖等待时间线性恶化和分段线性恶化的情况进行了研究,主要工作如下:

一是针对处理时间依赖等待时间线性恶化的单机调度问题,提出了工件处理时间依赖等待时间线性恶化的模型;提出了基于优先支配性质和下界的分枝定界算法,并获得问题的最优解;进一步地,提出了规则引导的嵌套分割方法并获得了问题的近优解;最后,对所提的模型和算法进行了对比分析,结果表明所提出的模型和算法是有效的。

二是针对工件处理时间依赖等待时间分段线性恶化的单机调度问题,提出了工件的处理时间依赖等待时间分段线性恶化的模型;提出了基于优先支配性质和下界的分枝定界算法,并获得中等规模问题的最优解;进一步地,提出了规则引导的嵌套分割方法并获得了问题的近优解;最后,对所提的算法进行了对比分析,结果验证了所提算法的有效性。

第五章
处理时间依赖累积处理时间恶化的单机调度问题

在实际的调度过程中，以人力为中心的调度比比皆是。如在机坪调度中的装卸载服务中，装卸载工人的体力随着前期累积工作时间的增加而逐渐减弱，后续被处理的任务将需更长的时间。在此情况下，为了避免工人过度劳累而造成的体力不支以及提高处理效率，在工作过程中安排了休息时间以便使工人的体力得到恢复。当然，这种情况在机器调度中也常有发生，如对机器的维修等。

对于上述问题本章进行了以下两个方面的研究：

一是针对基于处理时间依赖累积处理时间非线性恶化的情况下安排多个恢复时间的单机调度问题，以最小化最大完工时间为目标展开了研究。主要工作如下：①根据问题的特点，提出了问题优先支配性质和下界；②基于问题性质和下界，进一步提出了分枝定界算法和启发式算法，并通过实验验证了所提算法的有效性；③针对问题的两个特例，证明了其在多项式时间内可获得最优解。

二是针对基于处理时间依赖累积处理时间非线性恶化的情况下考虑恢复函数的单机调度问题，分别以最小化最大完工时间和最小化总的完工时间为目标展开了研究。主要工作如下：①根据工人体力恢复依赖时间的特点,提出了基于时间的恢复函数;②根据问题的特点,提出了相关的性质和定理;③给出了考虑两个目标函数时问题的多项式算法;④通过实验验证了所提模型和算法的有效性。

第一节 考虑不同 RMAs 的单机调度问题

根据调度过程中,人力或机器等需要休息或维护等情况,本节研究了基于处理时间非线性恶化的情况下安排多个恢复时间的单机调度问题。其中,由于后续工件的处理时间很大程度上依赖于之前已经连续处理时间的长短,因此,工件的处理时间是之前工件处理时间之和的非线性函数。同时,由于在处理过程中,为避免工人的体力过度疲劳以及提高处理效率,引入了恢复过程,又称为机器维护阶段(Rate-Modifying Activity, RMA)。

Lee 和 Leon(2001)首先提出了 RMA 的概念,即如果机器被停止工作一段时间或维护之后,机器的处理效率将从次优状态恢复到原先的正常状态。之后,Lodree 等(2009)将人类特点引入到了调度模型中。受此启发,Lodree 和 Christopher 将 RMA 和机器调度问题结合在一起,并假设每个工件的处理时间为常数 1 以及处理时间的恶化依赖于一个简单的线性恶化模型。

关于恶化效应和 RMA 已经有文献对此进行了研究(Yang and Yang, 2013; He et al., 2005; Wang and Wang, 2010; Zhao and Tang, 2012; Gordon and Tarasevich, 2009; Zhu et al., 2013)。然而,关于更实际的调度问题——同时考虑处理时间是任意的且依赖累积处理时间恶化和多个 RMAs 同时存在的问题依然没有被研究。因此,本节研究的问题主要贡献是两个方面：一是工件的处理时间是任意的；二是考虑了安排一个或多个 RMAs。

一、考虑一个 RMA 的单机调度问题

本小节考虑了基于处理时间非线性恶化的情况下安排一个 RMA 的单机调度问题。给出了问题的相关性质和算法。

（一）问题描述

首先，给出下列参数定义：

$J = \{J_1, J_2, \cdots, J_n\}$：表示需要被加工的工件集合。

a_j：表示工件 J_j ($j = 1, 2, \cdots, n$) 正常的处理时间 ($a_j > 0$)。

$a_{[r]}$：表示在调度序列中第 r 个位置被加工工件的正常处理时间，其中 $1 \leq r \leq n$。

b：表示恶化率 ($b > 0$)。

p_{jr}：表示在位置 r ($1 \leq r \leq n$) 工件 J_j 的实际处理时间，即 $p_{jr} = (1 + a_{[1]} + a_{[2]} + \cdots + a_{[r-1]})^b a_j$。

$C_j(S)$：表示在调度 S 中工件 J_j 的完工时间。

k：表示恢复时间（RMA）在一个调度中的位置。

t：表示 RMA 的持续时间。

$C_{\max}(k)$：表示 RMA 位于 k 时的最大完工时间。

假设机器每次只能加工一个工件，每个工件只加工一次，工件无优先权，且一旦开始加工工件将不可打断，直到处理完该工件。

基于以上假设，处理时间非线性恶化的情况下安排一个恢复时间的单机问题可以描述为：n 个工件 J_j ($j = 1, 2, \cdots, n$) 需要在机器上被加工，为了阻止机器效率降低，考虑安排恢复时间（维护时间）t 在调度过程中的某个位置 k，即一个 RMA 被安排到第 k 个工件之前

(见图 5-1)。在安排 RMA 之后,机器完全恢复到正常状态(Lodree and Chirstopher,2010),即第一个被加工工件的实际处理时间是其正常的处理时间。因此,当安排一个 RMA 在调度序列时,工件 J_j 的实际处理时间可用式(5-1)表示。

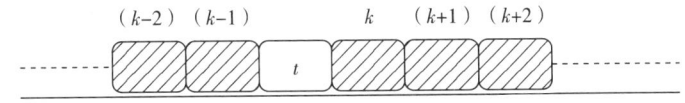

图 5-1 维护时间的位置

$$p_{jr} = \begin{cases} [1 + a_{[1]} + a_{[2]} + \cdots + a_{[r-1]}]^b a_j & r = 1, 2, \cdots, k-1 \\ [1 + a_{[k]} + a_{[k+1]} + \cdots + a_{[r-k]}]^b a_j & r = k, \cdots, n \end{cases}$$

(5-1)

目标是同时找到 RMA 的位置和一个最优的调度 S^* 使得最大完工时间 $C_{\max}$ 最小。应用三参数方法[4],可将上述问题表示为 $1|p_{jr}, rm|C_{\max}$。

(二)支配性质

为方便描述,设 $S = \{\pi, rm, \pi'\}$ 是一个完整的调度,π 和 π' 是部分调度序列。令 $a_{\max} = \max\limits_{j=1}^{n} \{a_j\}$,$a_{\min} = \min\limits_{j=1}^{n} \{a_j\}$。基于上述定义,提出了以下性质和推论:

性质 5-1 任何时候在位置 $k=1$ 安排一个 RMA 都不是最优的(Lodree et al.,2009)。

性质 5-2 如果在位置 k 安排一个 RMA,且 π 和 π' 中的工件已知,则分别将 π 和 π' 中的工件按照正常处理时间 a_j 非递减排列可获得一个最优的调度。

证明:如果在位置 k 安排一个 RMA,且 π 和 π' 中的工件已知,安排

RMA 之后，机器完全恢复，即在 RMA 之后的工件的加工时间与 RMA 之前的工件没有关系。因此，最小化调度 S 的完工时间等同于分别最小化部分调度 π 和 π'。

首先，证明如何安排 π 中的工件使得 π 的完工时间最小。设 $\pi = \{Q, J_i, J_j, Q'\}$，其中 J_i 位于位置 r，J_j 位于位置 $r+1$；在 Q 中，所有工件的正常处理时间之和是 P，最后一个工件的完工时间为 t_Q；同时 $0 < a_i < a_j$。$\bar{\pi} = \{Q, J_j, J_i, Q'\}$ 是通过交换 J_i 和 J_j 的位置得到的。

根据上述说明，π 中 J_j 的完工时间是：

$$C_j(\pi) = t_Q + a_i(1+P)^b + a_j(1+P+a_{[r]})^b = t_Q + a_i(1+P)^b + a_j(1+P+a_i)^b$$

$\bar{\pi}$ 中 J_i 的完工时间是：

$$C_i(\bar{\pi}) = t_Q + a_j(1+P)^b + a_i(1+P+a_{[r]})^b = t_Q + a_j(1+P)^b + a_i(1+P+a_j)^b$$

设 $\delta = 1+P$，$\lambda = a_i/a_j$ 和 $\mu = \dfrac{a_j}{\delta}$，则：

$$C_j(\pi) - C_i(\bar{\pi}) = (a_i - a_j)(1+P)^b + a_j(1+P+a_i)^b - a_i(1+P+a_j)^b = (a_i - a_j)\delta^b + a_j(\delta+a_i)^b - a_i(\delta+a_j)^b \tag{5-2}$$

由于 $\delta = 1+P \neq 0$，式（5-2）两边同除以 δ^b，得：

$$\dfrac{C_j(\pi) - C_i(\bar{\pi})}{\delta^b} = (a_i - a_j) + a_j\left(1+\dfrac{a_i}{\delta}\right)^b - a_i\left(1+\dfrac{a_j}{\delta}\right)^b = (\lambda a_j - a_j) + a_j\left(1+\dfrac{\lambda a_j}{\delta}\right)^b - \lambda a_j\left(1+\dfrac{a_j}{\delta}\right)^b = a_j(\lambda-1) + a_j(1+\lambda\mu)^b - \lambda a_j(1+\mu)^b = a_j[\lambda - 1 + (1+\lambda\mu)^b - \lambda(1+\mu)^b] = a_j[\lambda(1-(1+\mu)^b) - (1-(1+\lambda\mu)^b)] \tag{5-3}$$

设 $f(\lambda) = \lambda(1-(1+\mu)^b) - (1-(1+\lambda\mu)^b)$，$f(\lambda)$ 的一阶导

数：$f'(\lambda) = 1 - (1+\mu)^b - b\mu(1+\lambda\mu)^{b-1}$。

又因为 $0 < a_i < a_j$ 且 $0 < \lambda < 1$，显然，$f'(\lambda) < 0$，即 $f(\lambda)$ 在 $\lambda \in (0, 1)$ 是减函数，则 $f(\lambda) < f(0) = 0$。

因此，式（5-3）可表示为：

$$\frac{C_j(\pi) - C_i(\bar{\pi})}{\delta^b} = a_j f(\lambda) < 0 \tag{5-4}$$

在式（5-4）两边同时乘以 δ^b，则：$C_j(\pi) - C_i(\bar{\pi}) < 0$，即 $C_j(\pi) < C_i(\bar{\pi})$，因此，当 π 中的工件以正常处理时间 a_j 非递减排列时，可获得一个最优的调度。

同样地，可以证明，当 π' 中的工件以正常处理时间 a_j 非递减排列时，可获得一个最优的调度。

因此，如果在位置 k 安排一个 RMA，且 π 和 π' 中的工件已知，则分别将 π 和 π' 中的工件按照正常处理时间 a_j 非递减排列可获得一个最优的调度。

性质 5-3　如果给定一个调度 $S = \{\pi, rm, \pi'\}$，调度 $S' = \{\pi', rm, \pi\}$ 是通过 π 和 π' 交换得到，则 $C_{\max}(S) = C_{\max}(S')$。

证明：因为 RMA 之后工件的处理时间与 RMA 之前工件是互相独立的，则 S 的完工时间是 π 中最后一个工件的完工时间与 π' 中最后一个工件的完工时间之和。因此，完工时间与 π 和 π' 的次序无关。

根据上述性质，可得到以下推论：

推论 5-1　如果 RMA 在一个完整的调度 S 中的第二个位置（最后一个位置），且在 π（π'）中第一个（最后一个）工件的正常处理时间不等于 $a_{\max}$，则最优调度 S^* 中，π'（π）中的最后一个工件的正常处理时间是 $a_{\max}$。

推论 5-2　如果 RMA 在一个完整的调度 S 中的第二个位置（最后一个位置），且在 π（π'）中第一个（最后一个）工件的正常处理时间不等于 $a_{\min}$，则最优调度 S^* 中，π'（π）中的第一个工件的正常处

理时间是 $a_{\min}$。

上述两个推论很容易通过性质得出，故证明过程在此省略。

(三) 下界

命题 5-1 $LB = C_{[r]}(S) + \sum_{i=1}^{n-r} a_{[r+i]} + t$ 是基于最小化最大完工时间上的一个下界。

证明：在调度 S 中，当 $r+1 < k$ 时，第 $r+1$ 个工件的完工时间是：

$$C_{[r+1]}(S) = C_{[r]}(S) + a_{[r+1]}(1 + a_{[1]} + a_{[2]} + \cdots + a_{[r]})^b$$

同理，当 $r+l < k$，第 $r+l$ 个工件的完工时间是：

$$C_{[r+l]}(S) = C_{[r+l-1]}(S) + a_{[r+l]}(1 + a_{[1]} + a_{[2]} + \cdots + a_{[r+l-1]})^b = C_{[r]}(S) + \sum_{i=1}^{l} a_{[r+i]}\left(1 + \sum_{j=1}^{r+i-1} a_{[j]}\right)^b \geq C_{[r]}(S) + \sum_{i=1}^{l} a_{[r+i]}$$

当 $r+l = k$，第 k 个工件的完工时间是：

$$C_{[k]}(S) \geq C_{[r]}(S) + \sum_{i=1}^{k-r-1} a_{[r+i]} + t + a_{[k]}$$

当 $r+l > k$，第 $r+l$ 个工件的完工时间是：

$$C_{[r+l]}(S) \geq C_{[r]}(S) + \sum_{i=1}^{l} a_{[r+i]} + t$$

相似地，当 $r+l = n$，第 n 个工件的完工时间是：

$$C_{[n]}(S) \geq C_{[r]}(S) + \sum_{i=1}^{n-r} a_{[r+i]} + t$$

即调度 S 的最大完工时间满足：

$$C_{\max}(S) \geq C_{[r]}(S) + \sum_{i=1}^{n-r} a_{[r+i]} + t$$

因此，问题的下界可定义为：

$$LB = C_{[r]}(S) + \sum_{i=1}^{n-r} a_{[r+i]} + t$$

(四) 分枝定界算法

本节应用的分枝定界算法与第三章第二节相似。同样地，算法主要包括以下几个元素：

第一，结点。一棵搜索树由许多结点组成，每个结点代表部分调度序列。

第二，分枝。分枝过程是指当前活动结点产生所有孩子结点的过程，每个孩子结点代表一个分枝。

第三，带有删除结点的搜索策略。深度优先搜索被应用到搜索策略中，具体步骤如下：

Step 1：产生当前扩展结点的所有孩子结点。

Step 2：在所有的孩子结点中，根据性质 5-1 至性质 5-3 和推论 5-1 和推论 5-2 消除不包含最优调度的结点。

Step 3：将所有孩子结点中剩余的结点加入到活结点表中。

Step 4：从活结点表中选择一个结点作为下一个扩展结点，一直搜索直到达到最大的深度。

第四，上界和下界。在算法的初始状态，分别通过最短处理时间规则获得一个调度序列，计算其最大的完工时间，并作为上界，在算法搜索的过程中，它将会被更好的解取代。下界是用来消去不可能产生最优解的结点，即优先支配性质不能消去新扩展的结点，则计算它的下界。

第五，回溯。当当前活结点的所有孩子结点已经被搜索时，算法将回溯到当前活节点的父结点，将继续搜索父结点的其他孩子结点。

由上述各元素的功能，分枝定界算法步骤总结如下：

Step 1：确定 RMA 的位置。设 RMA 的初始位置 $k=2$。

Step 2：初始化。计算问题的初始上界。

Step 3：分枝。产生当前活结点的孩子结点。

Step 4:搜索策略。选择最近产生的结点为当前活结点并扩展。应用性质 5 – 1 至性质 5 – 3 和推论 5 – 1 至推论 5 – 2 消除不能产生最优解的扩展结点的孩子结点。

Step 5:下界。若孩子结点不能被性质 5 – 1 至性质 5 – 3 和推论 5 – 1 至推论 5 – 2 消除,则计算该孩子结点的下界。如果该下界小于当前最优解,将继续搜索它的分枝;如果该下界等于当前最优解,转 Step 7;否则,消去该结点,继续搜索当前活结点的其他孩子结点。当一个完整的调度序列获得时,它的最大完工时间将取代当前最优解。

Step 6:回溯。算法将回溯到当前活结点的父结点,继续搜索父结点的其他孩子结点。如果没有未搜索的结点,转 Step 7;否则,转 Step 3。

Step 7:算法停止。当 $k < n$ 时,令 $k = k + 1$,且解空间初始化为全域,转 Step 3;否则,算法停止,输出一个最优解 C_{BR}^*。

此外,根据最短处理时间规则获得一个序列,计算不考虑安排 RMA 时的最大完工时间 C_{NR}^*。通过比较 C_{BR}^* 和 C_{NR}^*,选择它们之中最小的一个作为问题的最优解。

(五) 启发式算法

由于当问题规模增大时,分枝定界算法消耗的时间将难以接受,因此,下文给出了一个启发式算法来获得问题的近优解。

下文基于性质 5 – 2 和推论 5 – 1,提出了启发式规则。其主要思想是:首先,根据最短处理时间规则将工件进行排序,并将排序后的序列放入集合 A 中,然后决策在集合 A 中当前具有最大正常处理时间的工件应安排在 π 中还是或 π' 中。设 $S^* = \{\pi, rm, \pi'\}$,其中 π 和 π' 为空,启发式算法的步骤如下:

Step 1:根据 SPT 规则获得一个序列集合 $A = \{J_{[1]}, J_{[2]}, \cdots, J_{[n]}\}$。

Step 2：选择当前具有最大处理时间的工件 $a_{\max} = \max\limits_{a_i \in A} \{a_i\}$ 放到 π 中，并将 $a_{\max}$ 从集合 A 中删除。

Step 3：选择当前具有最大处理时间的工件 $a_{\max} = \max\limits_{a_i \in A} \{a_i\}$ 放到 π' 中，并将 $a_{\max}$ 从集合 A 中删除。

Step 4：选择当前具有最大处理时间的工件 $a_{\max} = \max\limits_{a_i \in A} \{a_i\}$ 插入到 π 中所有工件之前，并将 $a_{\max}$ 从集合 A 中删除，计算 S^* 的最大完工时间 $C'(S^*)$；然后，将 $a_{\max}$ 插入到 π' 中所有工件之前，并从 π 中删除，同时计算 S^* 的最大完工时间 $C''(S^*)$。

Step 5：比较 $C'(S^*)$ 和 $C''(S^*)$，如果 $C'(S^*) < C''(S^*)$，则将 $a_{\max}$ 从 π' 中删除，并将 $a_{\max}$ 插入到 π 中所有工件之前。如果 $A = \phi$，则转 Step 4；否则，转 Step 6。

Step 6：输出当前最好解 C_{HR}^*，算法停止。

此外，根据最短处理时间规则获得一个序列，计算当不考虑安排 RMA 时的最大完工时间 C_{NR}^*。通过比较 C_{HR}^* 和 C_{NR}^*，选择它们之中最小的一个作为问题的最优解。

从上述步骤很容易可以看出，Step 1 是通过 SPT 规则得到的序列；Step 2 是安排集合 A 中具有最大处理时间的工件；Step 3 是安排集合 A 中具有次大处理时间的工件；Step 4 和 Step 5 是根据性质 5-2 和推论 5-1 决定集合 A 中当前最大处理时间的工件是安排到 π 还是 π' 中；Step 6 是算法终止步骤。

为更好地理解启发式算法的步骤，下面给出了一个例子。

算例：$n = 5$，$a_1 = 2$，$a_2 = 5$，$a_3 = 3$，$a_4 = 6$ 和 $a_5 = 1$，恶化率 $b = 2$，RMA 的延迟 $t = 2$。

求解过程：

（1）根据 SPT 规则，获得一个序列集合 $A = \{J_5, J_1, J_3, J_2,$

$J_4\}$,$\pi = \Phi$ 和 $\pi' = \Phi$,转 Step 2。

(2) A 中具有最大处理时间 $a_{\max} = 6$ 的工件是 J_4,将其放到 π 中,并将 J_4 从集合 A 中删除,转 Step 3。

(3) A 中当前具有最大处理时间 $a_{\max} = 5$ 的工件是 J_2,将其放到 π' 中,并将 J_2 从集合 A 中删除,这时,$\pi = \{J_4\}$,$A = \{J_5, J_1, J_3\}$ 和 $\pi' = \{J_2\}$,转 Step 4。

(4) A 中当前具有最大处理时间 $a_{\max} = 3$ 的工件是 J_3。首先,将 J_3 插入到 π 中所有工件之前,这时,$\pi = \{J_4, J_3\}$,$A = \{J_5, J_1\}$ 和 $\pi' = \{J_2\}$,计算 $C' = 3 + 6(1+3)^2 + 2 + 5 = 106$;然后,将 J_3 插入到 π' 中所有工件之前,并将其从 π 中删除,此时,$\pi = \{J_4\}$,$A = \{J_5, J_1\}$ 和 $\pi' = \{J_3, J_2\}$,计算 $C'' = 6 + 2 + 3 + 5(1+3)^2 = 91$,转 Step 5。

(5) 因为 $C' > C''$,则 $\pi = \{J_4\}$,$A = \{J_5, J_1\}$ 和 $\pi' = \{J_3, J_2\}$;又因 $A \neq \Phi$,转 Step 4。

(6) A 中当前具有最大处理时间 $a_{\max} = 2$ 的工件是 J_1。首先,将 J_1 插入到 π 中所有工件之前,这时,$\pi = \{J_1, J_4\}$,$A = \{J_5\}$ 和 $\pi' = \{J_3, J_2\}$,计算 $C' = 141$;然后,将 J_1 插入到 π' 中所有工件之前,并将其从 π 中删除,此时,$\pi = \{J_4\}$,$A = \{J_5\}$ 和 $\pi' = \{J_1, J_3, J_2\}$,计算 $C'' = 217$,转 Step 5。

(7) 因为 $C' < C''$,将 J_1 再次插入到 π 中所有工件之前,并将其从 π' 中删除,此时,$\pi = \{J_1, J_4\}$,$A = \{J_5\}$ 和 $\pi' = \{J_3, J_2\}$。又因 $A \neq \Phi$,转 Step 4。

(8) J_5 是 A 中唯一的一个工件,首先,将 J_5 插入到 π 中所有工件之前,这时,$\pi = \{J_5, J_1, J_4\}$,$A = \Phi$ 和 $\pi' = \{J_3, J_2\}$,计算 $C' = 190$;然后,将 J_5 插入到 π' 中所有工件之前,并将其从 π 中删除,此时,$\pi = \{J_1, J_4\}$,$A = \Phi$ 和 $\pi' = \{J_5, J_3, J_2\}$,计算 $C'' = 196$,转 Step 5。

(9) 因为 $C' < C''$,将 J_5 再次插入到 π 中所有工件之前,并将其从

π' 中删除, 此时, $\pi = \{J_5, J_1, J_4\}$, $A = \Phi$ 和 $\pi' = \{J_3, J_2\}$。又因 $A = \Phi$, 转 Step 6。

（10）输出当前最好解 $C_{HR}^* = C' = 190$。

最后, 根据最短处理时间规则获得一个序列, 计算当不考虑安排 RMA 时其最大完工时间 $C_{NR}^* = 1166$, 显然, 考虑安排 RMA 时最大完工时间更小, 此时, RMA 的位置 $k = 4$。

（六）特例 $1|p_{jr}, rm, a_j = a|C_{\max}$

当所有工件的处理时间相等时, 问题 $1|p_{jr}, rm|C_{\max}$ 可表示为 $1|p_{jr}, rm, a_j = a|C_{\max}$。这时, 在给定的一个调度序列中, 最大完工时间可表示为:

$$C_{\max}(k) = a + a(1+a)^b + \cdots + a(1+(k-2)a)^b + t + a + a(1+a)^b + \cdots + a(1+(n-k)a)^b \tag{5-5}$$

显然, 最大完工时间只与 RMA 的位置 k 有关, 通过决策 k 的位置最小化式 (5-5)。首先, 提出下述性质:

性质 5-4 ①当 n 为奇数且 $1 < k \leq n$ 时, $C_{\max}\left(\dfrac{n+1}{2}\right) = C_{\max}\left(\dfrac{n+1}{2}+1\right)$。如果 $k < \dfrac{n+1}{2}$, 则 $C_{\max}(k) > C_{\max}(k+1)$; 如果 $k > \dfrac{n+1}{2}$, 则 $C_{\max}(k) < C_{\max}(k+1)$; ②当 n 为偶数且 $1 < k \leq n$ 时, $C_{\max}(k) > C_{\max}(k+1)$。如果 $k < \dfrac{n}{2}$, 则 $C_{\max}(k) > C_{\max}(k+1)$; 如果 $k > \dfrac{n}{2} + 1$, 则 $C_{\max}(k) < C_{\max}(k+1)$。

证明: ①当 RMA 分别安排在位置 k 和 $k+1$, 最大完工时间可表示为:

$$C_{\max}(k) = a + a(1+a)^b + \cdots + a(1+(k-2)a)^b + t + a + a(1+a)^b + \cdots + a(1+(n-k)a)^b \tag{5-6}$$

$$C_{\max}(k+1) = a + a(1+a)^b + \cdots + a(1+(k-2)a)^b + a(1+(k-1)a)^b +$$
$$t + a + a(1+a)^b + \cdots + a(1+(n-k-1)a)^b \tag{5-7}$$

$$C_{\max}(k) - C_{\max}(k+1) = a\left[(1+(n-k)a)^b - (1+(k-1)a)^b\right]$$
$$\tag{5-8}$$

当 $k = \dfrac{n+1}{2}$，根据式（5-6）、式（5-7）、式（5-8）可得式（5-9）：

$$C_{\max}\left(\frac{n+1}{2}\right) - C_{\max}\left(\frac{n+1}{2}+1\right) = 0 \tag{5-9}$$

即 $C_{\max}\left(\dfrac{n+1}{2}\right) = C_{\max}\left(\dfrac{n+1}{2}+1\right)$。

如果 $k < \dfrac{n+1}{2}$ 且 $a > 0$，则 $(1+(n-k)a)^b > (1+(k-1)a)^b$ 且 $C_{\max}(k) > C_{\max}(k+1)$。

如果 $k > \dfrac{n+1}{2}$ 且 $a > 0$，则 $(1+(n-k)a)^b < (1+(k-1)a)^b$ 且 $C_{\max}(k) < C_{\max}(k+1)$。

②的证明和①类似，在此省略。

定理 5-1 ①如果 n 为奇数且 RMA 的持续时间 $t < a\sum_{i=0}^{\frac{n-1}{2}}\left[\left(1+\left(\frac{n+1}{2}-1+i\right)a\right)^b - (1+ia)^b\right]$，则安排 RMA 的位置 $k^* = \dfrac{n+1}{2}$ 或 $k^* = \dfrac{n+1}{2}+1$；②如果 n 为偶数且 RMA 的持续时间 $t < a\sum_{i=0}^{\frac{n}{2}-1}\left[\left(1+\left(\frac{n}{2}+i\right)a\right)^b - (1+ia)^b\right]$，则安排 RMA 的位置 $k^* = \dfrac{n}{2}+1$。否则，不考虑安排 RMA。

证明：①根据性质 5-4，可得式（5-10）和式（5-11），

$$C_{\max}\left(\frac{n+1}{2}\right) < C_{\max}\left(\frac{n+1}{2} - 1\right) < \cdots < C_{\max}(2) \tag{5-10}$$

$$C_{\max}\left(\frac{n+1}{2} + 1\right) < C_{\max}\left(\frac{n+1}{2} + 2\right) < \cdots < C_{\max}(n) \tag{5-11}$$

因为 $C_{\max}\left(\frac{n+1}{2}\right) = C_{\max}\left(\frac{n+1}{2} + 1\right)$，式(5-10)和式(5-11)暗含了当 $k^* = \frac{n+1}{2}$ 或 $k^* = \frac{n+1}{2} + 1$ 时，最大完工时间最小。

令 $C_{\max}$ ($k>n$) 表示不考虑 RMA 时的最大完工时间，那么，当且仅当 $C_{\max}$ (k^*) $< C_{\max}$ ($k>n$) 时，安排 RMA，即：

$$C_{\max}\left(\frac{n+1}{2}\right) = a + a(1+a)^b + \cdots + a\left(1 + \left(\frac{n+1}{2} - 2\right)a\right)^b + t + a + a(1+a)^b + \cdots + a\left(1 + \left(n - \frac{n+1}{2}\right)a\right)^b$$

$$C_{\max}(k>n) = a + a(1+a)^b + \cdots + a(1 + (n-1)a)^b$$

因为 $C_{\max}$ (k^*) $< C_{\max}$ ($k>n$)，所以可得：

$$t < a \sum_{i=0}^{\frac{n-1}{2}} \left[\left(1 + \left(\frac{n+1}{2} - 1 + i\right)a\right)^b - (1+ia)^b\right]$$

②的证明和①类似，在此省略。

（七）结果对比分析

为更好地验证算法的有效性，进行了下面的实验。实验数据设置如下：工件的正常处理时间 a_j 服从（1，100）均匀分布；恶化率 b = 0.05，0.07，0.09；RMA 的延迟时间 $t = 30$；关于问题 $1|p_{jr}, rm|C_{\max}$，设置工件的规模 $n = 5$，10，15，20，25，30，35，40，45，50。分枝定界算法（B&B）和启发式算法（Heuristic Algorithm，HA）采用 C++语言实现，运行环境为 Intel（R）Core（TM）i7 - 2600CPU

3.40GHz PC 台式机。表 5-1 记录了算法求解问题 $1|p_{jr},rm|C_{max}$ 的结果，即 RMA 的位置 k；B&B 算法的运行时间，由于 HA 的运行时间不超过 1s，因此在此省略；B&B 算法获得的最优解；HA 算法获得解的误差率 $var=(H-H^*)/H^*\times100\%$，其中 H 是 HA 获得的近优解，H^* 是 B&B 获得的最优解。其中"_"表示不安排 RMA。

表 5-1 B&B 和 HA 求解 $1|p_{jr},rm|C_{max}$ 的结果比较

n	b	B&B			HA	
		最优解	k	CPU 时间（s）	误差率	k
5	0.05	231.26	3	0	0.039	2
	0.07	319.34	4	0	0.037	2
	0.09	483.31	3	0	0.051	4
	平均值				0.042	
10	0.05	739.34	6	0.200	0.029	2
	0.07	653.29	5	0.201	0.053	2
	0.09	666.42	6	0.182	0.052	3
	平均值				0.044	
15	0.05	801.51	9	1.656	0.025	12
	0.07	918.13	10	1.656	0.035	14
	0.09	916.67	5	1.657	0.041	14
	平均值				0.033	
20	0.05	1102.83	14	7.625	0.035	2
	0.07	1044.45	13	7.594	0.030	18
	0.09	1381.71	11	7.594	0.036	4
	平均值				0.033	
25	0.05	1693.42	14	25.016	0.021	4
	0.07	1530.00	17	25.063	0.020	21
	0.09	2169.22	17	25.047	0.034	4
	平均值				0.025	
30	0.05	1737.96	15	66.782	0.023	28
	0.07	2103.11	13	67.438	0.028	4

续表

n	b	B&B			HA	
		最优解	k	CPU 时间（s）	误差率	k
	0.09	3080.54	16	66.313	0.015	21
平均值					0.022	
35	0.05	2177.56	19	154.984	0.016	31
	0.07	2652.92	22	153.266	0.014	28
	0.09	2790.96	18	153.484	0.020	8
平均值					0.016	
40	0.05	2362.75	26	318.391	0.018	37
	0.07	2929.35	23	317.781	0.015	10
	0.09	2532.46	22	322.297	0.034	37
平均值					0.022	
45	0.05	3074.90	27	611.469	0.015	7
	0.07	3082.73	24	610.953	0.023	40
	0.09	3568.99	21	610.282	0.031	41
平均值					0.023	
50	0.05	3337.76	25	1092.14	0.025	48
	0.07	3758.05	23	1091.81	0.020	8
	0.09	4285.62	28	1089.73	0.015	13
平均值					0.020	

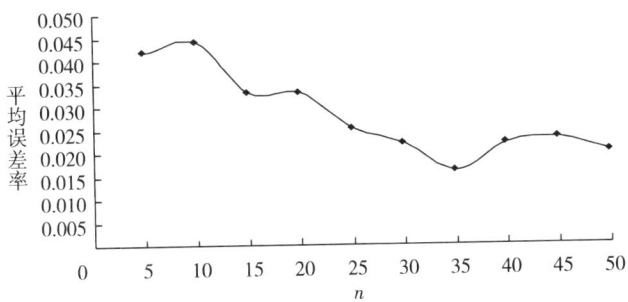

图 5-2　HA 求解 $1|p_{jr},rm|C_{max}$ 的平均误差率

从表 5-1 可知：①当问题规模不超过 50 时，B&B 算法能够获得问题的最优解，且运行时间随着规模的增大逐渐增加；②当问题规模不超过 50 时，HA 算法的最大误差率不超过 0.053。

根据表 5-1，可得出 HA 算法相对于问题规模的平均误差率，如图 5-2 所示。从图 5-2 可知，HA 算法的误差率随着问题规模的增加逐渐下降，且最大的平均误差率不超过 0.042。

基于以上分析，对于中小规模的问题 $1|p_{jr},rm|C_{max}$，分枝定界算法能够在合理的时间内得到问题的最优解；当问题规模增大时，分枝定界算法需要耗费很长的时间甚至超出了人们可接受的时间；而启发式算法却能在很短的时间内得到问题的近优解，因此，该方法值得推荐。同时，考虑带有单个的 RAM 是考虑多个 RMA 的基础和核心，对于带有 RMA 的更复杂的单机调度问题起到一个很好的借鉴作用。

二、考虑多个 RMAs 的单机调度问题

下文考虑了基于处理时间非线性恶化的情况下安排多个 RMA 的单机调度问题。给出了问题的相关性质和算法。

（一）问题描述

首先，给出下列参数定义：

$J=\{J_1,J_2,\cdots,J_n\}$：表示需要被加工的工件集合。

a_j：表示工件 J_j $(j=1,2,\cdots,n)$ 正常的处理时间（$a_j>0$）。

$a_{[r]}$：表示在调度序列中第 r 个位置被加工工件的正常处理时间，其中 $1\leq r\leq n$。

b：表示恶化率（$b>0$）。

p_{jr}：表示在位置 r （$1\leq r\leq n$）工件 J_j 的实际处理时间，即 $p_{jr}=(1+a_{[1]}+a_{[2]}+\cdots+a_{[r-1]})^b a_j$。

$C_j(S)$：表示在调度 S 中工件 J_j 的完工时间。

M：表示在一个调度中安排恢复时间（RMA）的总数。

k_m：表示恢复时间（RMA）在一个调度中的位置，k_m ($m=1$, $2, \cdots, M$, $1 \leq M \leq n$, $1 \leq k_m \leq n$)。

t：表示 RMA 的持续时间。

$C_{\max}(k)$：表示 RMA 位于 k 时的最大完工时间。

假设机器每次只能加工一个工件，每个工件只加工一次，工件无优先权，且一旦开始加工工件将不可打断，直到处理完该工件。

基于以上假设，处理时间非线性恶化的情况下安排多个恢复时间的单机问题可以描述为：n 个工件 J_j ($j=1, 2, \cdots, n$) 需要在机器上被加工，为了阻止机器效率降低，考虑安排恢复时间（维护时间）t 在调度过程中的某位置 k_m ($m=1, 2, \cdots, M$, $1 \leq M \leq n$, $1 \leq k_m \leq n$)，即一个 RMA 被安排到第 k_m 个工件之前。在安排 RMA 之后，机器完全恢复到正常状态，即第一个被加工工件的实际处理时间是其正常的处理时间。当安排多个 RMAs 在调度序列时，工件 J_j 的实际处理时间可用式（5-12）表示。

$$p_{jr} = \begin{cases} [1 + a_{[1]} + a_{[2]} + \cdots + a_{[r-1]}]^b a_j & r = 1, 2, \cdots, k_1 - 1 \\ [1 + a_{[k_1]} + a_{[k_1+1]} + \cdots + a_{[r-k_1]}]^b a_j & r = k_1, \cdots, k_2 - 1 \\ \vdots & \\ [1 + a_{[k_m]} + a_{[k_m+1]} + \cdots + a_{[r-k_m]}]^b a_j & r = k_m, \cdots, k_{m+1} \\ \vdots & \\ [1 + a_{[k_M]} + a_{[k_M+1]} + \cdots + a_{[r-k_M]}]^b a_j & r = k_M, \cdots, n \end{cases}$$

(5-12)

目标是同时找到需安排的 RMAs 的总数，每个 RMA 的位置以及一个最优的调度 S^* 使得最大完工时间 $C_{\max}$ 最小。应用三参数方法（Graham et al., 1979），可将上述问题表示为 $1|p_{jr}, mrm|C_{\max}$。

（二）支配性质

性质 5-5 如果 M 个 RMA 被安排到指定的位置，将所有工件分成 $M+1$ 组且每组中的元素已知，则分别将 $M+1$ 中的工件按照正常处理时间 a_j 非递减排列可获得一个最优的调度。

性质 5-5 的证明与性质 5-2 相似，故在此省略。

性质 5-6 给定一个调度 $S = \{\pi_1, rm_{k_1}, \pi_2, rm_{k_2}, \cdots, \pi_m, rm_{k_m}, \cdots, rm_{k_M}, \pi_{M+1}\}$，交换其中任意两组，最大完工时间保持不变。

性质 5-6 的证明与性质 5-3 相似，故在此省略。

（三）下界

本书中，考虑多个 RMAs 的单机调度问题的下界与考虑一个 RMA 的单机调度问题相同。

（四）分枝定界算法

求解 $1|p_{jr}, mrm|C_{\max}$ 的分枝定界算法与求解 $1|p_{jr}, rm|C_{\max}$ 相似，其中下界与问题 $1|p_{jr}, rm|C_{\max}$ 的相同。不同之处在于在原分枝定界算法外部加了一个确定 RMAs 总数的循环。主要的步骤如下：

Step 1：确定 RMA 的总数。设 RMA 的初始总数 $M=1$。

Step 2：确定 RMA 的位置。设 RMA 的初始位置 $k=2$。

Step 3：初始化。计算问题的初始上界。

Step 4：分枝。产生当前活结点的孩子结点。

Step 5：搜索策略。选择最近产生的结点为当前活结点被扩展。应用性质 5-5 和性质 5-6 及推论 5-1 和推论 5-2 消除不能产生最优解的扩展结点的孩子结点。

Step 6：下界。若孩子结点不能被性质 5-5 和性质 5-6 消除，则计算该孩子结点的下界。如果该下界小于当前最优解，将继续搜索它的分枝；如果该下界等于当前最优解，转 Step 8；否则，消去该结点，继续搜索当前活结点的其他孩子结点。当一个完整的调度序列获得时，它的最大完工时间将取代当前最优解。

Step 7：回溯。算法将回溯到当前活结点的父结点，继续搜索父结点的其他孩子结点。如果没有未搜索的结点，转 Step 8；否则，转 Step 4。

Step 8：算法停止。当 $k < n$ 时，令 $k = k+1$，且解空间初始化为全域，转 Step 4；否则，如果 $M < n$ 时，令 $M = M+1$，转 Step 2；否则，算法停止，输出一个最优解 C_{BR}^*。

相似地，根据最短处理时间规则获得一个序列，计算不考虑安排 RMA 时其最大完工时间 C_{NR}^*。通过比较 C_{BR}^* 和 C_{NR}^*，选择它们之中最小的一个作为问题的最优解。

（五）启发式算法

求解 $1|p_{jr}, mrm|C_{\max}$ 的启发式算法与求解 $1|p_{jr}, rm|C_{\max}$ 相似，仅需在原启发式算法外部加了一个外部循环，然后，将所有工件根据分配规则分配到 m 个组中。具体步骤在此省略。

（六）特例 $1|p_{jr}, mrm, a_j = a|C_{\max}$

当所有工件的处理时间相等时，问题 $1|p_{jr}, mrm|C_{\max}$ 可表示为 $1|p_{jr}, mrm, a_j = a|C_{\max}$。

性质 5-7 如果给定安排 RMA 的总数 m，所有工件被分割成 $m+1$ 组，则最优调度中每组包括的工件数为 $\left[\dfrac{n}{m}\right]$ 或 $\left[\dfrac{n}{m}\right]+1$。

证明：假设 $m+1$ 组中的其中一组工件数大于 $\left[\dfrac{n}{m}\right]+1$，那么，可将其移动到另外的组使得总的最大完工时间减少，直到每组包括的工件数为 $\left[\dfrac{n}{m}\right]$ 或 $\left[\dfrac{n}{m}\right]+1$ 时，最大完工时间将保持不变。

性质 5-8 问题 $1|p_{jr}, mrm, a_j = a|C_{\max}$ 的时间复杂度是 $O(n^2)$。

证明：为获得最优调度中安排 RMA 的总数 m，需对每个 m（$1 \leqslant m \leqslant n$）计算调度序列的最大完工时间。然后，对结果进行比较，选择对应于最小的最大完工时间的 RMA 的总数 m。因为计算最大完工时间的复杂度为 $O(n)$，所以问题 $1|p_{jr}, mrm, a_j = a|C_{\max}$ 的时间复杂度是 $O(n^2)$。

（七）结果对比分析

为更好地验证算法的有效性，进行了下面的实验。实验数据设置如下：工件的正常处理时间 a_j 服从（1，100）均匀分布；恶化率 $b=0.05$、0.07、0.09；RMA 的延迟时间 $t=30$；关于问题 $1|p_{jr}, mrm|C_{\max}$，设置工件的规模 $n=5$、7、9、11、13、15；分枝定界算法（B&B）和启发式算法（HA）采用 C++ 语言实现，运行环境为 Intel（R）Core（TM）i7-2600CPU 3.40GHz PC 台式机。表 5-2 记录了算法求解问题 $1|p_{jr}, mrm|C_{\max}$ 的结果，即安排 RMA 的总数 M；RMA 的位置 k；B&B 算法的运行时间；由于 HA 的运行时间不超过 1s，因此在此省略；B&B 算法获得的最优解；HA 算法获得解的误差率 $var = (H-H^*)/H^* \times 100\%$，其中 H 是 HA 获得的近优解，H^* 是 B&B 获得的最优解。其中"_"表示不安排 RMA。

表 5-2 B&B 和 HA 求解 $1|p_{jr}, mrm|C_{max}$ 的结果比较

n	b	B&B				HA		
		最优解	M	k	CPU 时间（s）	误差率	M	k
5	0.05	253.11	1	2	0.031	0.011	0	—
	0.07	255.50	1	3	0.031	0.055	0	—
	0.09	366.12	2	4, 5	0.031	0.058	1	5
平均值						0.041		
7	0.05	390.36	0	—	0.328	0.012	0	—
	0.07	567.46	2	4, 5	0.344	0.037	3	5, 6, 7
	0.09	344.59	1	5	0.328	0.070	1	7
平均值						0.039		
9	0.05	637.21	1	7	2.672	0.025	0	—
	0.07	451.64	1	3	2.172	0.042	1	9
	0.09	660.17	4	5, 6, 7, 8	2.719	0.049	4	6, 7, 8, 9
平均值						0.038		
11	0.05	559.14	1	5	26.563	0.031	0	—
	0.07	858.35	3	6, 7, 9	31.500	0.032	5	7, 8, 9, 10, 11
	0.09	853.83	6	2, 4, 5, 6, 8, 9	31.078	0.025	6	6, 7, 8, 9, 10, 11
平均值						0.029		
13	0.05	826.54	1	11	486.547	0.034	1	13
	0.07	826.22	1	10	359.484	0.048	3	11, 12, 13
	0.09	1051.81	8	2, 5, 6, 7, 8, 9, 10, 11	509.407	0.024	7	7, 8, 9, 10, 11, 12, 13
平均值						0.035		
15	0.05	867.21	1	9	6810.547	0.035	2	14, 15
	0.07	1062.18	1	7	5164.200	0.013	0	—
	0.09	1117.52	6	4, 6, 8, 10, 13, 14	9923.344	0.017	7	9, 10, 11, 12, 13, 14, 15
平均值						0.021		

从表 5-2 可知：①当问题规模不超过 15 时，B&B 算法能够在合理的时间内获得问题的最优解。随着问题规模的增加，运行时间逐渐

增大，且当问题规模为 15 时，B&B 算法运行时间迅速增加。②当问题规模不超过 15 时，HA 算法的最大误差率不超过 0.070。

根据表 5-2，可得出 HA 算法相对于问题规模的平均误差率，如图 5-3 所示。从图 5-3 可知，HA 算法的误差率随着问题规模的增加逐渐下降，且最大的平均误差率不超过 0.041。

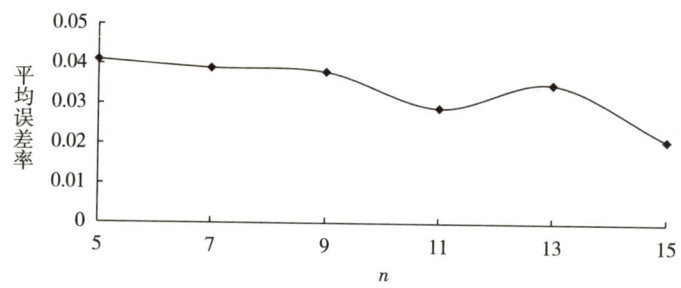

图 5-3　HA 求解 $1|p_{jr},mrm|C_{max}$ 的平均误差率

基于以上分析，对于中小规模的问题 $1|p_{jr},mrm|C_{max}$，分枝定界算法能够在合理的时间内得到问题的最优解；当问题规模增大时，分枝定界算法需要耗费很长的时间甚至超出了人们可接受的时间；而启发式算法却能在很短的时间内得到问题好的近优解，因此，该方法值得推荐。同时，本节所提出的算法对于其他带有 RMA 的问题是个很好的借鉴。

第二节　考虑恢复函数的单机调度问题

在本章第一节中，恢复过程被假设为一旦安排恢复时间，机器或人力（以下叙述中抽象为机器）将完全恢复。然而，实际问题中的恢复往往依赖于恢复时间的长短。如劳动力体力的恢复，恢复的程度取决于休息时间的长短。针对此问题，考虑了基于处理时间非线性恶化情况下带有精力恢复函数的单机调度问题。首次提出了精力恢复函数，并将其引入到单机调度问题中。通过给出相关的性质和定理，证明了当目标分别为最小化最大完工时间和总的完工时间时，问题在多项式时间内可获得最优解。

一、最小化最大完工时间的单机调度问题

本节基于考虑恢复函数的前提下，以目标为最小化最大完工时间的单机调度问题展开研究。

（一）问题描述

首先，给出下列参数定义：

$J = \{J_1, J_2, \cdots, J_n\}$：表示需要被加工的工件集合。

a：表示工件 J_j（$j=1, 2, \cdots, n$）正常的处理时间（$a>0$）。

b：表示恶化率（$b>0$）。

p_{jr}：表示在位置 r（$1 \leqslant r \leqslant n$）工件 J_j 的实际处理时间，即 $p_{jr} = a(1+(r-1)a)^b$。

k：表示恢复时间（RMA）在一个调度中的位置。

t：表示 RMA 的实际持续时间，$0 \leqslant t \leqslant T$。

T：表示当 RMA 持续时间为 T 时，机器将完全恢复。

$C_{\max}(k, t)$：表示当 RMA 位于 k 且持续时间为 t 时的最大完工时间，其中 $1 < k \leqslant n$，因为当 $k=1$ 时，将不会是一个最优的调度（Lodree and Christopher，2010）。

假设机器每次只能加工一个工件，每个工件只加工一次，工件无优先权，且一旦开始加工工件将不可被打断，直到处理完该工件。

基于以上假设，处理时间非线性恶化的情况下带有精力恢复函数的单机问题可以描述为：n 个工件 J_j ($j = 1, 2, \cdots, n$) 需要在机器上被加工，为了阻止机器效率降低，考虑在调度过程中的某个位置 k 安排恢复时间（维护时间）t，并根据 t 的持续时间决定恢复的程度，目标是决策是否需要安排 RMA，如果需要，需要同时决策 RMA 的位置和持续时间使得最大完工时间最小。应用三参数方法（Graham et al., 1979），可将上述问题分别表示为 $1 | p_{jr}(t), rm | C_{\max}$。

（二）恢复函数

在调度序列中安排 RMA，RMA 之后工件的处理时间将会受到影响，且 RMA 持续的时间决定了机器恢复的程度。在此设 $t = T$ 时，机器完全恢复，其中 T 取决于机器的性能。恢复函数的定义如下：

定义 5-1 恢复函数可定义为：

$$F(t) = \frac{t}{T} a [(1 + (r-k)a)^b - (1 + (r-1)a)^b], \quad k \leq r \leq n \quad (5-13)$$

很显然，式（5-13）是一个关于恢复时间 t 的线性函数，即：

（1）如果 $t = 0$，则 $F(t) = 0$。暗含了机器没有机会恢复性能，也就是没有安排 RMA。

（2）如果 $t = T$，则 $F(t) = a[(1 + (r-k)a)^b - (1 + (r-1)a)^b]$。暗含了机器的性能能够恢复到之前未处理工件时的最佳状态，这时，安排 RMA 的持续时间为 T。

（3）如果 $0 < t < T$，则 $F(t) = \frac{t}{T} a [(1 + (r-k)a)^b - (1 + (r-1)a)^b]$。暗含了 RMA 的持续时间 t 在 0 和 T 之间时机器的恢复程度，此时，$F(t)$ 是一个负数。

根据上述恢复函数的定义，工件实际处理时间 p_{jr} 可表示为：

$$p_{jr} = \begin{cases} a[1+(r-1)a]^b & 0 < r < k \\ a[1+(r-1)a]^b + F(t) & k \leq r \leq n \end{cases} \quad (5-14)$$

由式（5-14）可知：

（1）当 $t=0$ 且 $p_{jr} = a(1+(r-1)a)^b$，表示没有安排 RMA，机器的效率没有得到任何恢复，工件实际的处理时间随着之前加工工件的数量增加而增加。

（2）当 $0 < t < T$ 且 $p_{jr} = a[1+(r-1)a]^b + F(t)$，表示在 RMA 之后，机器的效率将恢复一部分，工件实际的处理时间比未安排 RMA 时减少。

（3）当 $t=T$ 且 $p_{jr} = a(1+(r-k)a)^b$，表示在 RMA 之后，机器的效率将完全恢复，RMA 之后第一个工件的处理时间将为 a。

（三）支配性质

在一个调度序列位置 k 安排 RMA 后，最大的完工时间可表示为：

$$C_{\max}(k,t) = a\sum_{s=0}^{k-2}(1+sa)^b + t + \frac{t}{T}a\sum_{s=0}^{n-k}(1+sa)^b + \left(1-\frac{t}{T}\right)a\sum_{s=k-1}^{n-1}(1+sa)^b \quad (5-15)$$

其中，$a\sum_{s=0}^{k-2}(1+sa)^b$ 是前 $(k-1)$ 个工件处理时间之和，t 是 RMA 的持续时间，$\frac{t}{T}a\sum_{s=0}^{n-k}(1+sa)^b + \left(1-\frac{t}{T}\right)a\sum_{s=k-1}^{n-1}(1+sa)^b$ 是剩余 $(n-k+1)$ 个工件处理时间之和。显然，最大完工时间与 RMA 的位置 k 和持续时间 t 有关。为确定 RMA 的位置 k 和持续时间 t，提出了下面的性质和定理。

性质 5-9 对于给定的 $k(1 < k \leq n)$ 和 $t(0 < t \leq T)$，如果 $C_{\max}(k,t) < C_{\max}(k+1,t)$，则 $C_{\max}(k,t) < C_{\max}(k+1,t) < \cdots < C_{\max}(n,t)$；

如果 $C_{\max}(k, t) < C_{\max}(k-1, t)$，则 $C_{\max}(k, t) < C_{\max}(k-1, t) < \cdots < C_{\max}(2, t)$。

证明：当 RMA 的位置为 k，持续时间为 t 时，最大完工时间可表示为：

$$C_{\max}(k,t) = a \sum_{s=0}^{k-2} (1+sa)^b + t + \frac{t}{T}a \sum_{s=0}^{n-k} (1+sa)^b +$$
$$\left(1 - \frac{t}{T}\right)a \sum_{s=k-1}^{n-1} (1+sa)^b \quad (5-16)$$

当 RMA 的位置为 $k+1$，持续时间为 t 时，最大完工时间可表示为：

$$C_{\max}(k+1,t) = a \sum_{s=0}^{k-1} (1+sa)^b + t + \frac{t}{T}a \sum_{s=0}^{n-k-1} (1+sa)^b +$$
$$\left(1 - \frac{t}{T}\right)a \sum_{s=k}^{n-1} (1+sa)^b \quad (5-17)$$

当 RMA 的位置为 $k+2$，持续时间为 t 时，最大完工时间可表示为：

$$C_{\max}(k+2,t) = a \sum_{s=0}^{k} (1+sa)^b + t + \frac{t}{T}a \sum_{s=0}^{n-k-2} (1+sa)^b +$$
$$\left(1 - \frac{t}{T}\right)a \sum_{s=k+1}^{n-1} (1+sa)^b \quad (5-18)$$

通过式（5-15）、式（5-17）和式（5-18），可得：

$$C_{\max}(k, t) - C_{max}(k+1, t) = \frac{t}{T}a[(1+(n-k)a)^b - (1+(k-1)a)^b]$$

$$C_{\max}(k+1, t) - C_{max}(k+2, t) = \frac{t}{T}a[(1+(n-k-1)a)^b - (1+ka)^b]$$

如果 $C_{\max}(k, t) < C_{\max}(k+1, t)$，则 $\frac{t}{T}a(1+(n-k)a)^b < \frac{t}{T}a(1+$

$(k-1)a)^b$。又因 $T>0$, $b>0$, $p>0$ 和 $t>0$，可得：

$$\frac{t}{T}a(1+(n-k-1)a)^b < \frac{t}{T}a(1+(n-k)a)^b < \frac{t}{T}a(1+(k-1)a)^b < \frac{t}{T}a(1+ka)^b$$

$$\frac{t}{T}a(1+(n-k-1)a)^b < \frac{t}{T}a(1+ka)^b$$

即 $C_{\max}(k+1, t) < C_{\max}(k+2, t)$。

同理，可得 $C_{\max}(k, t) < C_{\max}(k+1, t) < \cdots < C_{\max}(n, t)$。

同样地，可以证明如果 $C_{\max}(k, t) < C_{\max}(k-1, t)$，则 $C_{\max}(k, t) < C_{\max}(k-1, t) < \cdots < C_{\max}(2, t)$。

性质 5-10 如果考虑安排 RMA，则：

$$T < \underset{1<k\leqslant n}{\text{Min}}\left\{ a\sum_{s=k-1}^{n-1}\left[(1+sa)^b - (1+(s-(k-1))a)^b\right]\right\}$$

证明：根据之前的描述，安排 RMA 的目的是使最大的完工时间最小，因此，当且仅当安排 RMA 之后的最大完工时间小于不安排 RMA 时，才考虑安排 RMA。

不安排 RMA 时最大完工时间可表示为：

$$C_{\max}(k, t=0) = a + a(1+a)^b + a(1+2a)^b + \cdots + a(1+(n-1)a)^b \tag{5-19}$$

由于当且仅当 $C_{\max}(k, t) < C_{\max}(k, t=0)$ 时，考虑安排 RMA。根据式 (5-14) 和式 (5-19)，且 $C_{\max}(k, t) < C_{\max}(k, t=0)$ 时，可得：

$$T < \underset{1<k\leqslant n}{\min}\left\{ a\sum_{s=k-1}^{n-1}\left[(1+sa)^b - (1+(s-(k-1))a^b)\right]\right\}$$

定理 5-2 对于任意的 t（$0<t\leqslant T$），最优调度中安排持续时间为 t 的 RMA 遵循以下规则：①如果 n 为偶数且 $T < a$

$\sum_{s=\frac{n}{2}}^{n-1} \left[(1+sa)^b - \left(1 + \left(s - \frac{n}{2}\right)a\right)^b \right]$，则在位置 $k = \frac{n}{2} + 1$ 安排 RMA；

②如果 n 为奇数且 $T < a \sum_{s=\frac{n+1}{2}}^{n-1} \left[(1+sa)^b - \left(1 + \left(s - \frac{n+1}{2}\right)a\right)^b \right]$，则在位置 $k = \frac{n+1}{2}$ 或 $k = \frac{n+1}{2} + 1$ 安排 RMA；否则，不考虑安排 RMA。

证明：当 $k = \frac{n}{2}$ 时，根据式（5-15）可得：

$$C_{\max}\left(\frac{n}{2}, t\right) = a \sum_{s=0}^{\frac{n}{2}-2} (1+sa)^b + t + \frac{t}{T} a \sum_{s=0}^{\frac{n}{2}} (1+sa)^b +$$
$$\left(1 - \frac{t}{T}\right) a \sum_{s=\frac{n}{2}-1}^{n-1} (1+sa)^b \qquad (5-20)$$

当 $k = \frac{n}{2} + 1$ 时，根据式（5-14）可得：

$$C_{\max}\left(\frac{n}{2}+1, t\right) = a \sum_{s=0}^{\frac{n}{2}-1} (1+sa)^b + t + \frac{t}{T} a \sum_{s=0}^{\frac{n}{2}-1} (1+sa)^b +$$
$$\left(1 - \frac{t}{T}\right) a \sum_{s=\frac{n}{2}}^{n-1} (1+sa)^b \qquad (5-21)$$

当 $k = \frac{n}{2} + 2$ 时，根据式（5-15）可得：

$$C_{\max}\left(\frac{n}{2}+2, t\right) = a \sum_{s=0}^{\frac{n}{2}} (1+sa)^b + t + \frac{t}{T} a \sum_{s=0}^{\frac{n}{2}-2} (1+sa)^b +$$
$$\left(1 - \frac{t}{T}\right) a \sum_{s=\frac{n}{2}+1}^{n-1} (1+sa)^b \qquad (5-22)$$

因为 $T > 0$，$b > 0$，$p > 0$ 和 $t > 0$，可得：

$$C_{\max}\left(\frac{n}{2}+1, t\right) - C_{\max}\left(\frac{n}{2}+2, t\right) = \frac{t}{T} a \left[\left(1 + \left(\frac{n}{2}-1\right)a\right)^b - \left(1 + \frac{n}{2}a\right)^b \right] < 0$$

即 $C_{\max}\left(\dfrac{n}{2}+1,\ t\right) < C_{\max}\left(\dfrac{n}{2}+2,\ t\right)$。

$C_{\max}\left(\dfrac{n}{2}+1,\ t\right) - C_{\max}\left(\dfrac{n}{2},\ t\right) = \dfrac{t}{T}a\left[\left(1+\left(\dfrac{n}{2}-1\right)a\right)^b - \left(1+\dfrac{n}{2}a\right)^b\right] < 0$

即 $C_{\max}\left(\dfrac{n}{2}+1,\ t\right) < C_{\max}\left(\dfrac{n}{2},\ t\right)$。

根据性质 5-9，可得：

$$C_{\max}\left(\dfrac{n}{2}+1,\ t\right) < C_{\max}\left(\dfrac{n}{2}+2,\ t\right) < C_{max}\left(\dfrac{n}{2}+3,\ t\right) < \cdots C_{\max}(n,\ t) \tag{5-23}$$

$$C_{\max}\left(\dfrac{n}{2}+1,\ t\right) < C_{\max}\left(\dfrac{n}{2},\ t\right) < C_{\max}\left(\dfrac{n}{2}-1,\ t\right) < \cdots < C_{\max}(2,\ t) \tag{5-24}$$

由式（5-23）和式（5-24）可得，当 $k = \dfrac{n}{2}+1$ 时，可获得最小完工时间。

此外，当且仅当 $C_{\max}(k,\ t) < C_{\max}(k,\ t=0)$，考虑安排 RMA。根据式（5-15）和式（5-19）可得：

$C_{\max}(k,\ t) < C_{\max}(k,\ t=0)$

即 $T < a\displaystyle\sum_{s=\frac{n}{2}}^{n-1}\left[(1+sa)^b - \left(1+\left(s-\dfrac{n}{2}\right)a\right)^b\right]$。

同理，可证明当 n 为奇数时的情况。

定理 5-3 对于任意的 $t\left(0 < t \leqslant T < a\displaystyle\sum_{s=\frac{n}{2}}^{n-1}\left[(1+sa)^b - \left(1+\left(s-\dfrac{n}{2}\right)a\right)^b\right]\right)$ 和 k，最优调度中安排持续时间为 t 的 RMA 遵循以下规则：①如果 n 为偶数，则在位置 $k = \dfrac{n}{2}+1$ 安排持续时间为 T 的 RMA；②如

果 n 为奇数，则在位置 $k = \dfrac{n+1}{2}$ 或 $k = \dfrac{n+1}{2} + 1$ 安排持续时间为 T 的 RMA；否则，不考虑安排 RMA。

证明：当在位置 k 安排持续时间为 t 的 RMA 时，根据式（5-15）可得最大完工时间：

$$C_{\max}(k,t) = a\sum_{s=0}^{k-2}(1+sa)^b + t + \frac{t}{T}a\sum_{s=0}^{n-k}(1+sa)^b + \left(1 - \frac{t}{T}\right)a\sum_{s=k-1}^{n-1}(1+sa)^b = \left\{1 + \frac{1}{T}a\sum_{s=0}^{n-k}(1+sa)^b - \frac{1}{T}a\sum_{s=k-1}^{n-1}(1+sa)^b\right\}t + a\left[\sum_{s=0}^{k-2}(1+sa)^b + \sum_{s=k-1}^{n-1}(1+sa)^b\right] = \left\{1 - \frac{1}{T}a\sum_{s=k-1}^{n-1}\left[(1+sa)^b - (1+(s-(k-1))a)^b\right]\right\}t + a\sum_{s=0}^{n-1}(1+sa)^b$$

基于定理 5-2，当 $0 < t \leqslant T$ 且 $T < a\sum_{s=\frac{n}{2}}^{n-1}\left[(1+sa)^b - \left(1 + \left(s - \dfrac{n}{2}\right)a\right)^b\right]$ 时，可得：

$$C_{\max}\left(\frac{n}{2}+1, t\right) < C_{\max}(k, t), \quad \left(k = 2, \cdots, n \text{ 且 } k \neq \frac{n}{2}+1\right)$$

因此，$C_{\max}\left(\dfrac{n}{2}+1, t\right)$ 是最小的。$C_{\max}\left(\dfrac{n}{2}+1, t\right)$ 可表示为：

$$C_{\max}\left(\frac{n}{2}+1, t\right) = \left\{1 - \frac{1}{T}a\sum_{s=\frac{n}{2}}^{n-1}\left[(1+sa)^b - \left(1 + \left(s - \frac{n}{2}\right)a\right)^b\right]\right\}t + a\sum_{s=\frac{n}{2}}^{n-1}\left[(1+sa)^b + \left(1 + \left(s - \frac{n}{2}\right)a\right)^b\right]$$

设 $K = 1 - \dfrac{1}{T}a\sum_{s=\frac{n}{2}}^{n-1}\left[(1+sa)^b - \left(1 + \left(s - \dfrac{n}{2}\right)a\right)^b\right]$ 和 $B =$

$a\sum_{s=\frac{n}{2}}^{n-1}\left[(1+sa)^{b}+\left(1+\left(s-\frac{n}{2}\right)a\right)^{b}\right]$，则 $C_{\max}\left(\frac{n}{2}+1,t\right)=Kt+B$。

因为 $b>0$，$p>0$ 和 $0<t\leqslant T<a\sum_{s=\frac{n}{2}}^{n-1}\left[(1+sa)^{b}-\left(1+\left(s-\frac{n}{2}\right)a\right)^{b}\right]$，则 $K<0$。

显然，当 $0<t\leqslant T$ 时，$C_{\max}\left(\frac{n}{2}+1,t\right)$ 是一个递减函数。因此，当 $k=\frac{n}{2}+1$ 且 $t=T$ 时，$C_{\max}(k,t)$ 是最小的，即为 $C_{\max}\left(\frac{n}{2}+1,T\right)$。

同理，可证明当 n 为奇数时的情况。

（四）多项式算法

基于前文，给出问题 $1|p_{ir}(t),rm|C_{\max}$ 的多项式算法，具体步骤如下：

Step 1：当 n 为偶数（奇数）时，计算 T 是否小于 $a\sum_{s=\frac{n}{2}}^{n-1}\left[(1+sa)^{b}-\left(1+\left(s-\frac{n}{2}\right)a\right)^{b}\right]\left(a\sum_{s=\frac{n+1}{2}}^{n-1}\left[(1+sa)^{b}-\left(1+\left(s-\frac{n+1}{2}\right)a\right)^{b}\right]\right)$，若不小于，则不考虑调度 RMA；否则，转 Step 2。

Step 2：在位置 $k=\frac{n}{2}+1\left(k=\frac{n+1}{2}\text{ 或 }k=\frac{n+1}{2}+1\right)$ 安排 RMA，计算 $C_{\max}\left(\frac{n}{2}+1,T\right)\left(C_{\max}\left(\frac{n+1}{2},T\right)\right)$，即获得最小的最大完工时间。

因为 $a\sum_{s=\frac{n}{2}}^{n-1}\left[(1+sa)^{b}-\left(1+\left(s-\frac{n}{2}\right)a\right)^{b}\right]$ 的时间复杂度为 $O\left(\frac{n}{2}\right)$，所以上述算法的时间复杂度为 $O(n)$。

二、最小化总完工时间的单机调度问题

下文考虑了基于处理时间非线性恶化的情况下考虑恢复函数的单机调度问题,目标是最小化总的完工时间。下面给出了问题的相关性质和算法。

(一) 问题描述

首先,给出下列参数定义:

$J = \{J_1, J_2, \cdots, J_n\}$:表示需要被加工的工件集合。

a:表示工件 J_j ($j=1, 2, \cdots, n$) 正常的处理时间 ($a>0$)。

b:表示恶化率 ($b>0$)。

p_{jr}:表示在位置 r ($1 \leqslant r \leqslant n$) 工件 J_j 的实际处理时间,即 $p_{jr} = a(1 + (r-1)a)^b$。

k:表示恢复时间 (RMA) 在一个调度中的位置。

t:表示 RMA 的实际持续时间,$0 \leqslant t \leqslant T$。

T:表示当 RMA 持续时间为 T 时,机器将完全恢复。

$C_j(k, t)$:表示当 RMA 位于 k 且持续时间为 t 时,工件 J_j 的完工时间,其中 $1 < k \leqslant n$,因为当 $k=1$ 时,将不会是一个最优的调度。

假设机器每次只能加工一个工件,每个工件只加工一次,工件无优先权,且一旦开始加工工件将不可打断,直到处理完该工件。

基于以上假设,处理时间非线性恶化的情况下带有精力恢复函数的单机问题可以描述为:n 个工件 J_j ($j=1, 2, \cdots, n$) 需要在机器上被加工,为了阻止机器效率降低,考虑安排恢复时间(维护时间)t 在调度过程中的某个位置 k,并根据 t 的持续时间决定恢复的程度,目标是决策是否需要安排 RMA,如果需要,需要同时决策 RMA 的位置和持续时间使得总的完工时间最小。应用三参数方法(Graham et al.,

1979),可将上述问题分别表示为 $1\left|p_{jr}(t),rm\right|\sum_{j=1}^{n}C_{j}$。

(二) 恢复函数

所用到的恢复函数请参照本章第二节。

(三) 支配性质

在一个调度序列位置 k 安排 RMA 后,总的完工时间可表示为:

$$\sum_{j=1}^{n}C_{j}(k,t) = a\sum_{s=0}^{k-2}(n-s)(1+sa)^{b} + (n-k+1)t + \sum_{s=k-1}^{n-1}(n-s)a\left[\frac{t}{T}(1+(s-(k-1))a)^{b} + \left(1-\frac{t}{T}\right)(1+sa)^{b}\right] \quad (5-25)$$

显然,总的完工时间与 RMA 的位置 k 和持续时间 t 有关。为确定 k 和 t,提出了以下性质。

性质 5-11 如果考虑安排 RMA,则

$$T < \min_{1<k\leq n}\left\{\frac{a\sum_{s=k-1}^{n-1}(n-s)\left[(1+sa)^{b}-(1+(s-(k-1))a)^{b}\right]}{n-k+1}\right\}。$$

证明:根据之前的描述,安排 RMA 的目的是使总的完工时间最小,因此,当且仅当安排 RMA 之后的总的完工时间小于不安排 RMA 时,才考虑安排 RMA。

不安排 RMA 时最大完工时间可表示为:

$$\sum_{j=1}^{n}C_{j}(k,t=0) = na + (n-1)a(1+a)^{b} + (n-2)a(1+2a)^{b} + \cdots + a(1+(n-1)a)^{b} \quad (5-26)$$

由于当且仅当 $\sum_{j=1}^{n}C_{j}(k,t) < \sum_{j=1}^{n}C_{j}(k,t=0)$ 时,考虑安排 RMA。

根据式(5-25)和式(5-26), $\sum_{j=1}^{n} C_j(k,t) < \sum_{j=1}^{n} C_j(k, t=0)$ 时,可得:

$$T < \min_{1<k\leq n}\left\{\frac{a\sum_{s=k-1}^{n-1}(n-s)[(1+sa)^b - (1+(s-(k-1))a)^b]}{n-k+1}\right\}a_\circ$$

因此,问题得证。

性质 5 - 12 对于任意的 $k(1 < k \leq n)$ 和 $T < \min_{1<k\leq n}\left\{\dfrac{a\sum_{s=k-1}^{n-1}(n-s)[(1+sa)^b - (1+(s-(k-1))a)^b]}{n-k+1}\right\}$,当 $t = T$ 时,$\sum_{j=1}^{n} C_j(k,t)$ 最小。

证明:根据式(5-25)可得:

$$\sum_{j=1}^{n} C_j(k,t) = a\sum_{s=0}^{k-2}(n-s)(1+sa)^b + (n-k+1)t + \sum_{s=k-1}^{n-1}(n-s)a\left[\frac{t}{T}(1+(s-(k-1))a)^b + \left(1-\frac{t}{T}\right)(1+sa)^b\right] = \{(n-k+1) + \frac{a}{T}\sum_{s=k-1}^{n-1}(n-s)[(1+(s-(k-1))a)^b - (1+sa)^b]\}t + a\sum_{s=0}^{n-1}(n-s)(1+sa)^b$$

设 $K = \{(n-k+1) + \dfrac{a}{T}\sum_{s=k-1}^{n-1}(n-s)[(1+(s-(k-1))a)^b - (1+sa)^b]\}t + a\sum_{s=0}^{n-1}(n-s)(1+sa)^b$,因为 $b > 0, p > 0$ 和 $0 < t \leq T < \min_{1<k\leq n}\left\{\dfrac{a\sum_{s=k-1}^{n-1}(n-s)[(1+sa)^b - (1+(s-(k-1))a)^b]}{n-k+1}\right\}$,所以 $K < 0$。

显然,当 $0 < t \leq T$,$\sum_{j=1}^{n} C_j(k,t)$ 是一个递减函数。因此,当 $t = T$

时，$\sum_{j=1}^{n} C_j(k,t)$ 最小，即 $\sum_{j=1}^{n} C_j(k,T)$。

（四）多项式算法

基于前文，给出问题 $1|p_{ir}(t), rm| \sum_{j=1}^{n} C_j$ 的多项式算法，具体步骤如下：

Step 1：针对每一个 $k(1<k\leq n)$，计算 $\dfrac{a\sum_{s=k-1}^{n-1}(n-s)\left[(1+sa)^b - (1+(s-(k-1))a)^b\right]}{n-k+1}$。

Step 2：判断 T 是否小于 $\min\limits_{1<k\leq n}\left\{\dfrac{a\sum_{s=k-1}^{n-1}(n-s)\left[(1+sa)^b - (1+(s-(k-1))a)^b\right]}{n-k+1}\right\}$，如果不小于，则不安排 RMA；否则，转 Step 3。

Step 3：针对每一个 k $(1<k\leq n)$ 计算 $\sum_{j=1}^{n} C_j(k,T)$，得到对应于最小总完工时间位置 k 的值。

可知，上述算法的时间复杂度是 $O(n^2)$。

三、结果对比分析

为验证所提出的性质和算法的有效性，进行了以下实验：

通过观察国内某大型飞机场，给出下列数据：设有 6（$n=6$）架飞机在 0 时刻同时到达机场，正常的处理时间为 $a=35\min$。一组地勤调度人员的恶化率分别为 $b=0.054$、0.056、0.059、0.100，恢复时间分别为 $T=10\min$、$20\min$、$30\min$ 时进行了测试。

根据性质 5-9 和性质 5-10 和定理 5-2 可知，当 $T < a \sum_{s=\frac{n}{2}}^{n-1} \left[(1+sa)^b - \left(1 + \left(s - \frac{n}{2}\right)a\right)^b \right]$ 时，为使最大完工时间最小，在调度中安排 RMA。为方便计算，令 $U = a \sum_{s=\frac{n}{2}}^{n-1} \left[(1+sa)^b - \left(1 + \left(s - \frac{n}{2}\right)a\right)^b \right]$。

根据性质 5-11，当 $T < \min\limits_{1<k\leqslant n} \left\{ \dfrac{a \sum_{s=k-1}^{n-1} (n-s) \left[(1+sa)^b - (1+(s-(k-1))a)^b \right]}{n-k+1} \right\}$ 时，为使总的完工时间最小，在调度中安排 RMA。同样地，令 $V = \min\limits_{1<k\leqslant n} \left\{ \dfrac{a \sum_{s=k-1}^{n-1} (n-s) \left[(1+sa)^b - (1+(s-(k-1))a)^b \right]}{n-k+1} \right\}$。

分别根据前文算法步骤，计算了上述问题。表 5-3 记录了相应的结果。其中，"RMAC"表示考虑是否需要安排 RMA 的情况；"RMANC"表示不考虑安排 RMA 的情况；k 表示安排 RMA 的位置；"—"表示不需要安排 RMA；"Yes"表示应该考虑安排 RMA；"No"正好与其相反。

表 5-3 最大完工时间和总的完工时间结果

T	b	$T<U?$	k	最大完工时间		$T<V?$	k	总完工时间	
				RMAC	RMANC			RMAC	RMANC
				$C_{\max}$	$C_{\max}$			$\sum_{i=1}^n C_i$	$\sum_{i=1}^n C_i$
10	0.054	Yes	4	253.06	258.55	No	—	871.38	871.38
10	0.056	Yes	4	254.42	260.58	Yes	3	866.54	877.07
10	0.059	Yes	4	256.49	263.68	Yes	3	872.02	885.71
10	0.100	Yes	4	287.37	310.59	Yes	3	953.67	1015.70
20	0.054	No	—	258.55	258.55	No	—	871.38	871.38

续表

T	b	$T<U$?	k	最大完工时间		$T<V$?	k	总完工时间	
				RMAC C_{max}	RMANC C_{max}			RMAC $\sum_{i=1}^{n} C_i$	RMANC $\sum_{i=1}^{n} C_i$
20	0.056	No	—	260.58	260.58	No		877.07	877.07
20	0.059	No	—	263.68	263.68	No		885.71	885.71
20	0.100	Yes	4	297.37	310.59	Yes	4	993.60	1015.70
30	0.054	No	—	258.55	258.55	No		871.38	871.38
30	0.056	No	—	260.58	260.58	No		877.07	877.07
30	0.059	No	—	263.68	263.68	No		885.71	885.71
30	0.100	Yes	4	307.37	310.59	No		1015.700	1015.700

从表 5-3 可知：

（1）考虑安排 RMA 可以降低最大完工时间和总的完工时间。另外，最大完工时间和总的完工时间随着恶化率 b 的增加逐渐增加，原因是如果调度人员很容易疲劳则处理时间恶化将增大。

（2）是否安排 RMA 受恢复时间 T 的影响。

1）当 $T<U$ 或 $T<V$ 时，应安排 RMA。对于给定的恶化率 b，调度人员需要完全恢复的时间越长，目标值就越大。但相比于不考虑安排 RMA 的情况，目标值是降低的。

2）当 $T>U$ 或 $T>V$ 时，不应安排 RMA。因为如果安排 RMA 的时间较短，对恢复没有太大的效果，如果太长将增加目标值，使其比不考虑安排 RMA 时更大。

3）当 $T=U$ 或 $T=V$ 时，安排 RMA 和不安排 RMA 是一样的，在这种情况下，考虑调度人员的健康状况，鼓励安排 RMA。

（3）最小化最大完工时间和最小化总的完工时间是不对称的，即当安排 RMA 在某一位置使得最大完工时间最小，但并非一定使得总的完工时间最小。例如，当 $b=0.059$，$T=10\min$，最大完工时间最小时，RMA 被安排在位置 4，而总的完工时间最小时，RMA 被安排在位置 3。

综上，验证了所提模型、性质和算法的有效性。

本章小结

本章基于处理时间依赖累积处理时间恶化的情况，对处理时间依赖累积处理时间恶化的单机调度问题进行了研究，主要工作如下：

一是针对处理时间依赖累积处理时间非线性恶化的情况下安排多个恢复时间的单机调度问题，提出了问题优先支配性质和下界；基于此，提出了分枝定界算法和启发式算法，并通过实验验证了所提算法的有效性；此外，针对问题的两个特例，证明了其在多项式时间内可获得最优解。

二是针对处理时间依赖累积处理时间非线性恶化的情况下考虑恢复函数的单机调度问题，以最小化最大完工时间和总的完工时间为目标展开研究。根据工人体力恢复依赖时间的特点，提出了基于时间的恢复函数；基于该模型下问题的特点，提出了相关的性质和定理；并分别考虑了两个目标函数，给出问题的多项式算法；最后，通过算例验证了所提模型和算法的有效性。

第六章
处理时间依赖累积处理时间恶化的交货期安排问题

在销售谈判的过程中,制造商提供给客户一个交货期,当交货期延迟时,会给客户一个折扣(即对自己的惩罚)。许多情况下,交货期是通过协商而不是简单地由其中一方指定的。从制造商的利益出发,交货期越晚则产品交货的准时性就越高,但是,制造商为了在客户中维持好的声誉,许多制造商宁愿容忍合理的惩罚而满足客户对交货期的要求,在此情况下,决策者需要在未准时交货时承担的惩罚和履行准时交货时获得的利益之间寻找一个平衡点,使其损失降到最低。另外,制造商需要考虑在生产过程中由于机器磨损、发热以及劳动力疲惫等其他情况造成处理效率不断恶化的现象。

关于上述问题,本章研究了以下两个方面的内容:

一是针对提前交货和工件处理时间恶化的问题,考虑了工件处理时间依赖累积处理时间非线性恶化的交货期安排问题。主要工作:以最小化总拖期时间为目标,给出了最优的调度和最优的交货期。并证明了该问题在多项式时间内是可解的;给出了问题的多项式算法以及算例。

二是针对处理时间不断恶化的情况,在产品加工过程中加入多个机器维护阶段的问题，研究了处理时间非线性恶化和带有多个 Rate-modifying activities（RMAs）最小化提前和拖期惩罚的交货期安排的单机调度问题。主要工作：根据问题的特点，提出了相关的性质和定理，通过证明得出了最优的松弛时间，证明了该问题在多项式内是可解的。

第一节 允许工件提前的单机调度问题

本节考虑了允许工件提前的交货期安排的单机调度问题，其中工件处理时间依赖累积处理时间非线性恶化，目标是给出最优交货期的同时使得总拖期时间最小。

一、问题描述

首先，给出下列参数定义：

$J = \{J_1, J_2, \cdots, J_n\}$：表示需要被加工的工件集合。

a_j：表示工件 J_j（$j = 1, 2, \cdots, n$）正常的处理时间（$a_j > 0$）。

$a_{[r]}$：表示在调度序列中第 r 个位置被加工工件的正常处理时间，其中 $1 \leq r \leq n$。

b：表示恶化率（$b > 0$）。

p_{jr}：表示在位置 r（$1 \leq r \leq n$）工件 J_j 的实际处理时间，即：
$p_{jr} = (1 + a_{[1]} + a_{[2]} + \cdots + a_{[r-1]})^b a_j$。

$C_j(S)$：表示在调度 S 中工件 J_j 的完工时间。

q：表示松弛时间。

d_j：表示工件 J_j 被安排的交货期。

T_j：表示工件 J_j 的拖期，$T_i = \max\{0, C_i - d_i\}$，也可表示为

$T_j = \lceil C_j - d_j \rceil^+$。

s_j：表示工件 J_j 开始被处理的时间。

假设机器每次只能加工一个工件，每个工件只加工一次，工件无优先权，且一旦开始加工工件将不可打断，直到处理完该工件。

基于以上假设，处理时间非线性恶化的情况下交货期安排的单机问题可以描述为：n 个工件 J_j ($j=1, 2, \cdots, n$) 需要在机器上被加工，目标是最小化 $\sum_{j=1}^{n} g(T_j)$，其中 $g(T_j)$ 是严格单调递增的。特殊地，当 $g(T_j) = \lceil C_j - d_j \rceil^+$ 时，目标是最小化总的拖期惩罚。在此，交货期由 SLK 规则决定（Adamopanlons and Pappies，1966），每个工件的交货期通过实际的处理时间与松弛时间决定，即 $d_j = p_{jr} + q$ ($j = 1, 2, \cdots, n$)。目标是给出最优交货期的同时使得 $\sum_{j=1}^{n} g(T_j)$ 最小。应用三参数 $\alpha|\beta|\gamma$ 方法（Graham et al.，1979），该问题可表示为 $1|p_{jr}, d_j = p_{jr} + q|\sum_{j=1}^{n} g(T_j)$。

二、支配性质

根据问题的特点，可得到下述定理：

定理 6-1 在一个最优的调度中，工件服从正常处理时间非递减排列。

证明：设调度 $S = \{\pi, J_i, J_j, \pi'\}$，$S' = \{\pi, J_j, J_i, \pi'\}$ 是通过 S 交换工件 J_i 和 J_j 得到，其中 π 和 π' 是部分序列，π 中包含 $r-1$ 个工件，在 S 中 J_i 位于位置 r，J_j 位于位置 $r+1$。同时，设 $p_i \leq p_j$，为简化，令 $A = \sum_{j=1}^{r-1} g(T_j)$ 表示 π 中 $r-1$ 工件的总拖期。

基于上述假设，在 S 中，前 $r+1$ 个工件总拖期：

$$TT(S) = \sum_{j=1}^{r+1} g(T_j) = A + g(T_i) + g(T_j)$$

$$= A + g(\lceil C_i - d_j \rceil^+) + g(\lceil C_j - d_j \rceil^+)$$

$$= A + g(\lceil C_{r-1} + p_i(1 + p_{[1]} + p_{[2]} + \cdots + p_{[r-1]})^b - (p_i(1 + p_{[1]} + p_{[2]} + \cdots + p_{[r-1]})^b + q)\rceil^+) + g(\lceil C_{r-1} + p_i(1 + p_{[1]} + p_{[2]} + \cdots + p_{[r-1]})^b + p_j (1 + p_{[1]} + p_{[2]} + \cdots + p_{[r-1]} + p_i)^b - (p_j (1 + p_{[1]} + p_{[2]} + \cdots + p_{[r-1]} + p_i)^b + q)\rceil^+)$$

$$= A + g(\lceil C_{r-1} - q \rceil^+) + g(\lceil C_{r-1} + p_i(1 + p_{[1]} + p_{[2]} + \cdots + p_{[r-1]})^b - q \rceil^+)$$

在 S' 中，前 $r+1$ 个工件总拖期：

$$TT(S') = \sum_{j=1}^{r+1} g(T_j) = A + g(T_j) + g(T_i)$$

$$= A + g(\lceil C_j - d_j \rceil^+) + g(\lceil C_i - d_i \rceil)$$

$$= A + g(\lceil C_{r-1} + p_j(1 + p_{[1]} + p_{[2]} + \cdots + p_{[r-1]})^b - (p_j(1 + p_{[1]} + p_{[2]} + \cdots + p_{[r-1]})^b + q)\rceil^+) + g(\lceil C_{r-1} + p_j(1 + p_{[1]} + p_{[2]} + \cdots + p_{[r-1]})^b + p_i(1 + p_{[1]} + p_{[2]} + \cdots + p_{[r-1]} + p_j)^b - (p_i(1 + p_{[1]} + p_{[2]} + \cdots + p_{[r-1]} + p_j)^b + q)\rceil^+)$$

$$= A + g(\lceil C_{r-1} - q \rceil^+) + g(\lceil C_{r-1} + p_j(1 + p_{[1]} + p_{[2]} + \cdots + p_{[r-1]})^b - q \rceil^+)$$

那么：

$$TT(S) - TT(S') = g(\lceil C_{r-1} + p_i(1 + p_{[1]} + p_{[2]} + \cdots + p_{[r-1]})^b - q \rceil^+) - g(\lceil C_{r-1} + p_j(1 + p_{[1]} + p_{[2]} + \cdots + p_{[r-1]})^b - q \rceil^+)$$

因为 $b > 0$，则 $(1 + p_{[1]} + p_{[2]} + \cdots + p_{[r-1]})^b > 1$；又因 $p_i \leq p_k$ 和 $g(T_j)$ 是严格单调递增函数，所以：

$$C_{r-1} + p_i(1 + p_{[1]} + p_{[2]} + \cdots + p_{[r-1]})^b - q - (C_{r-1} + p_j(1 + p_{[1]} + p_{[2]} + \cdots + p_{[r-1]})^b - q) = (1 + p_{[1]} + p_{[2]} + \cdots + p_{[r-1]})^b (p_i - p_j) \leq 0$$

因此：

$g(\lceil C_{r-1}+p_i(1+p_{[1]}+p_{[2]}+\cdots+p_{[r-1]})^b-q\rceil^+) < g(\lceil C_{r-1}+p_j(1+p_{[1]}+p_{[2]}+\cdots+p_{[r-1]})^b-q\rceil^+)$

即 $TT(S) \leq TT(S')$。

综上，调度 S 的目标函数不大于调度 S' 的目标函数。

三、多项式算法

基于前文，给出问题 $1|p_{jr}, d_j=p_{jr}+q|\sum_{j=1}^{n}g(T_j)$ 的多项式算法，具体步骤如下：

Step 1：将集合 J 中的所有工件按照其正常处理时间非递减规则排列，获得最优的调度 $S^* = [J_{[1]}, J_{[2]}, \cdots, J_{[n]}]$。

Step 2：计算每个工件的开始时间，即 $s_{[1]}=q$，$s_{[r]}=q+\sum_{m=1}^{r-1}p_{jm}$。

Step 3：计算每个工件的完工时间，即 $C_{[r]}=s_{[r]}+p_{jr}$。

Step 4：计算每个工件的交货期，即 $d_{[r]}=q+p_{jr}$。

Step 5：计算每个工件的拖期，并计算目标函数值，算法结束。

很容易得出，上述算法的时间复杂度是 $O(n\log n)$。下面给出了一个例子：$n=4$，$b=2$，$a_1=2$，$a_2=5$，$a_3=4$，$a_4=1$，$q=10$，目标函数为 $TT(\pi) = \sum_{j=1}^{n}(\lceil C_j-d_j\rceil^+)^2$。

根据上述算法，求解步骤如下：

（1）根据工件正常处理时间非递减排列规则，获得最优调度序列 $S^* = [J_4, J_1, J_3, J_2]$。

（2）计算每个工件的开始时间：$s_4=10$，$s_1=11$，$s_3=19$，$s_2=83$。

（3）计算每个工件的完工时间：$C_4=11$，$C_1=19$，$C_3=83$，$C_2=403$。

（4）计算每个工件的交货期：$d_4=11$，$d_1=18$，$d_3=74$，$d_2=$

330。

（5）计算总的目标函数值为5411。

第二节　考虑多个RMAs的交货期安排问题

本节针对处理时间不断恶化的情况，在产品加工过程中安排多个机器维护阶段的问题，研究了处理时间非线性恶化和多个Rate-modifying activities（RMAs）最小化提前和拖期惩罚的交货期安排的单机调度问题。

一、问题描述

首先，给出下列参数定义：

$J = \{J_1, J_2, \cdots, J_n\}$：需要被加工的工件集合。

a_j：工件J_j（$j=1, 2, \cdots, n$）正常的处理时间（$a_j > 0$）。

$a_{[r]}$：在调度序列中第r个位置被加工工件的正常处理时间，其中$1 \leq r \leq n$。

b：恶化率（$b > 0$）。

p_{jr}：在位置r（$1 \leq r \leq n$）工件J_j的实际处理时间，即$p_{jr} = (1 + a_{[1]} + a_{[2]} + \cdots + a_{[r-1]})^b a_j$。

$C_j(S)$：在调度S中工件J_j的完工时间。

q：松弛时间。

d_j：工件J_j被安排的交货期。

s_j：工件J_j开始被处理的时间。

w_j：工件J_j的等待时间。

E_j: 工件 J_j 的提前时间，$E_j = \max \{0, d_j - C_j\}$。

T_j: 工件 J_j 的拖期，$T_j = \max \{0, C_j - d_j\}$，也可表示为 $T_j = \lceil C_j - d_j \rceil^+$。

α：每单位提前惩罚系数，$\alpha > 0$。

β：每单位拖期惩罚系数，$\beta > 0$。

t：恢复的持续时间，即 RMA 的持续时间。

M：安排 RMA 的总数。

k_m：在位置 k_m ($1 < k_m \leq n$, $m = 1, 2, \cdots, M$) 安排 RMA。

假设机器每次只能加工一个工件，每个工件只加工一次，工件无优先权，且一旦开始加工工件将不可打断，直到处理完该工件。

基于以上假设，处理时间非线性恶化和多个 RMAs 最小化提前和拖期惩罚的交货期安排的单机调度问题可以描述为：n 个工件 J_j ($j = 1, 2, \cdots, n$) 需要在机器上加工，目标是最小化总的提前和拖期惩罚 $\sum_{j=1}^{n} (\alpha E_j + \beta T_j)$，在此，交货期由 SLK 规则决定（Adamopoulos and Pappis, 1996），每个工件的交货期通过实际的处理时间与松弛时间决定，即 $d_j = p_{jr} + q$ ($j = 1, 2, \cdots, n$)。目标是给出最优交货期的同时使得 $\sum_{j=1}^{n} (\alpha E_j + \beta T_j)$ 最小。应用三参数 $\alpha|\beta|\gamma$ 方法（Graham et al., 1979），该问题可表示为 $1|p_{jr}, d_j = p_{jr} + q, mrm|\sum_{j=1}^{n} (\alpha E_j + \beta T_j)$。

二、问题性质

为方便研究问题，首先给出了下列的分析和问题相关的性质。设 $J_{[i]}$ 表示工件在位置 i 被加工，根据工件的实际处理时间可得工件的等待时间和完工时间：

$$\begin{cases} w_{[i]} = C_{[i-1]} = \sum_{r=1}^{i-1} p_r (1 + p_{[1]} + \cdots + p_{[r-1]})^b \\ C_{[i]} = C_{[i-1]} + p_i (1 + p_{[1]} + \cdots + p_{[i-1]})^b \end{cases}, i = 1, 2, \cdots, k_1 - 1$$

$$\begin{cases} w_{[i]} = C_{[i-1]} + t \\ C_{[i]} = C_{[i-1]} + t + p_i \end{cases}, \quad i = k_1$$

$$\begin{cases} w_{[i]} = C_{[i-1]} \\ C_{[i]} = C_{[i-1]} + p_i (1 + p_{[k_1]} + \cdots + p_{[i-1]})^b \end{cases}, \quad i = k_1 + 1, \cdots, k_2 - 1$$

$$\vdots$$

$$\begin{cases} w_{[i]} = C_{[i-1]} + t \\ C_{[i]} = C_{[i-1]} + t + p_i \end{cases}, \quad i = k_l$$

$$\begin{cases} w_{[i]} = C_{[i-1]} \\ C_{[i]} = C_{[i-1]} + p_i (1 + p_{[k_l]} + \cdots + p_{[i-1]})^b \end{cases}, \quad i = k_l + 1, \cdots, k_{l+1} - 1$$

$$\vdots$$

$$\begin{cases} w_{[i]} = C_{[i-1]} + t \\ C_{[i]} = C_{[i-1]} + t + p_i \end{cases}, \quad i = k_M$$

$$\begin{cases} w_{[i]} = C_{[i-1]} \\ C_{[i]} = C_{[i-1]} + p_i (1 + p_{[k_m]} + \cdots + p_{[i-1]})^b \end{cases}, \quad i = k_M + 1, \cdots, n$$

其中，令 $p_{[0]} = 0$ 和 $\sum_{r=i}^{i-1} p_r (1 + p_{[1]} + \cdots + p_{[r-1]})^b = 0$。

性质 6-1 设 $J_{[i]}$ 表示工件在位置 i 被加工，如果 $C_{[i]} \geq d_{[i]}$，则 $C_{[i+1]} \geq d_{[i+1]}$。

证明：根据安排 RMA 的位置，可将问题分为下列几种情况：

(1) 当 $i \leq k_1 - 1$，工件 $J_{[i]}$ 位于所有安排的 RMA 之前，其完成时间和交货期的关系为：

$C_{[i]} = C_{[i-1]} + p_i (1 + p_{[1]} + \cdots + p_{[i-1]})^b \geq q + p_i (1 + p_{[1]} + \cdots + p_{[i-1]})^b = d_{[i]} \Rightarrow C_{[i-1]} \geq q \Rightarrow C_{[i+1]} = C_{[i-1]} + p_i (1 + p_{[1]} + \cdots + p_{[i-1]})^b + p_{i+1} (1 + p_{[1]} + \cdots + p_{[i]})^b \geq q + p_{i+1} (1 + p_{[1]} + \cdots + p_{[i]})^b = d_{[i+1]} \Rightarrow C_{[i+1]} \geq d_{[i+1]}$

(2) 当 $k_l \leq i \leq k_{l+1} - 1$ $(1 \leq l \leq M-1)$，工件 $J_{[i]}$ 位于两个 RMA 之间，其完成时间和交货期的关系为：

$C_{[i]} = C_{[i-1]} + st + p_i(1 + p_{[k_l]} + \cdots + p_{[i-1]})^b \geq q + p_i(1 + p_{[k_l]} + \cdots + p_{[i-1]})^b = d_{[i]} \Rightarrow C_{[i-1]} + lt \geq q \Rightarrow C_{[i+1]} = C_{[i-1]} + lt + p_i(1 + p_{[k_l]} + \cdots + p_{[i-1]})^b + p_{i+1}(1 + p_{[k_l]} + \cdots + p_{[i]})^b \geq q + p_{i+1}(1 + p_{[k_l]} + \cdots + p_{[i]})^b = d_{[i+1]} \Rightarrow C_{[i+1]} \geq d_{[i+1]}$

(3) 当 $i \geq k_M$，工件 $J_{[i]}$ 位于最后一个 RMA 之后，其完成时间和交货期的关系为：

$C_{[i]} = C_{[i-1]} + Mt + p_i(1 + p_{[k_M]} + \cdots + p_{[i-1]})^b \geq q + p_i(1 + p_{[k_M]} + \cdots + p_{[i-1]})^b = d_{[i]} \Rightarrow C_{[i-1]} + Mt \geq q \Rightarrow C_{[i+1]} = C_{[i-1]} + Mt + p_i(1 + p_{[k_M]} + \cdots + p_{[i-1]})^b + p_{i+1}(1 + p_{[k_M]} + \cdots + p_{[i]})^b \geq q + p_{i+1}(1 + p_{[k_M]} + \cdots + p_{[i]})^b = d_{[i+1]} \Rightarrow C_{[i+1]} \geq d_{[i+1]}$

从上述三种情况可得：如果 $C_{[i]} \geq d_{[i]}$，则 $C_{[i+1]} \geq d_{[i+1]}$。

根据性质 6-1，可得到推论 6-1。

推论 6-1 在一个调度序列中，对于位置 $\forall j > i$，如果 $C_{[i]} \geq d_{[i]}$，则 $C_{[j]} \geq d_{[j]}$。

证明类似于性质 6-1。

性质 6-2 对于任意的调度，存在一个最优的相同松弛时间 q 且等于某个工件的等待时间。

证明：设 $J_{[i]}$ 表示工件在位置 i 被加工，且对于调度中的某一个特定的工件 $J_{[i]}$ 满足 $w_{[j-1]} \leq q \leq w_{[j]}$。令 $\delta = q - w_{[j-1]}$，则可得 $0 \leq \delta \leq p_{[j-1]}(1 + p_{[k]} + \cdots + p_{[j-2]})^b$。根据性质 6-1，可推出，位于 $J_{[i]}$ 之前的工件是提前的，而 $J_{[i]}$ 本身和位于其之后的工件是拖期的。又因安排 RMA 的位置不同，可分为下列几种情况，即 $j - 1 \leq k_1 - 1$，$k_l \leq j - 1 \leq k_{l+1} - 1$ $(1 \leq l \leq M-1)$ 和 $k_M \leq j - 1 \leq n$。

(1) 当 $j-1 \leqslant k_1 - 1$ 时，工件 $J_{[i]}$ 的 $E_{[i]}$ （$1 \leqslant i \leqslant j-1$）可表示为：

$$E_{[1]} = d_{[1]} - C_{[1]} = \delta + w_{[j-1]} = \delta + \sum_{r=1}^{j-2} p_r (1 + p_{[1]} + \cdots + p_{[r-1]})^b$$

$$E_{[2]} = d_{[2]} - C_{[2]} = \delta + w_{[j-1]} - p_1 = \delta + \sum_{r=2}^{j-2} p_r (1 + p_{[1]} + \cdots + p_{[r-1]})^b$$

$$\vdots$$

$$E_{[i]} = \delta + \sum_{r=i}^{j-2} p_r (1 + p_{[1]} + \cdots + p_{[r-1]})^b$$

$$\vdots$$

$$E_{[j-1]} = \delta$$

此时，工件 $J_{[i]}$（$j \leqslant i \leqslant n$）的 $T_{[i]}$ 可表示为下列两种情况：

1) 当 $j \leqslant i \leqslant k_1 - 1$ 时：

$$T_{[i]} = \sum_{r=j-1}^{i-1} p_r (1 + p_{[1]} + \cdots + p_{[r-1]})^b - \delta$$

2) 当 $k_1 \leqslant i \leqslant n$ 时：

$$T_{[i]} = lt + \sum_{r=j-1}^{k_1-1} p_r (1 + p_{[1]} + \cdots + p_{[r-1]})^b + \sum_{r=k_1}^{k_2-1} p_r (1 + p_{k_1} + \cdots + p_{[r-1]})^b + \cdots + \sum_{r=k_{l-1}}^{k_l-1} p_r (1 + p_{[k_{l-1}]} + \cdots + p_{[r-1]})^b + \sum_{r=k_l}^{i-1} p_r (1 + p_{[k_l]} + \cdots + p_{[r-1]})^b - \delta$$

由此，总的提前和延迟为：

$$TC = \sum_{i=1}^{n} (\alpha E_{[i]} + \beta T_{[i]}) = [\alpha(j-1) - \beta(n-j+1)]\delta + \sum_{u=1}^{M} (k_{u+1} - k_u)ut + \alpha \sum_{r=1}^{j-2} rp_r(1 + p_{[1]} + p_{[2]} + \cdots + p_{[r-1]})^b + \beta[\sum_{r=j-1}^{k_1-2} (n-r)p_r(1 + p_{[1]} + \cdots + p_{[r-1]})^b + \sum_{u=1}^{M-1} \sum_{r=k_u}^{k_{u+1}-1} (n-r)p_r(1 + p_{[k_u]} + \cdots + p_{[r-1]})^b + \sum_{r=k_M}^{n-1} (n-r)p_r(1 + p_{[k_M]} + \cdots + p_{[r-1]})^b]$$

由于上述函数是关于 δ 的线性函数,因此,当 $\delta = 0$ 或 $\delta = p_{j-1}(1 + p_{[1]} + \cdots + p_{[j-2]})^b$ 时,TC 获得最小值,即存在一个松弛时间 q 使得其值等于某个工件的等待时间。

(2) 当 $k_l \leqslant j - 1 \leqslant k_{l+1} - 1$ $(1 \leqslant l \leqslant M - 1)$ 时,工件 $J_{[i]}$ 的 $E_{[i]}$ $(1 \leqslant i \leqslant j - 1)$ 可表示为:

1) 当 $1 \leqslant i \leqslant k_1 - 1$ 时:

$$E_{[i]} = \delta + (l - 1)t + \sum_{r=i}^{k_2-1} p_r (1 + p_{[k_1]} + p_{[k_1+1]} + \cdots + p_{[r-1]})^b +$$

$$\sum_{r=k_2}^{k_3-1} p_r (1 + p_{[k_2]} + p_{[k_2+1]} + \cdots + p_{[r-1]})^b + \cdots + \sum_{r=k_{l-1}}^{k_l-1} p_r (1 + p_{[k_{l-1}]} + p_{[k_{l-1}+1]} + \cdots$$

$$+ p_{[r-1]})^b + \sum_{r=k_l}^{j-2} p_r (1 + p_{[k_l]} + p_{[k_l+1]} + \cdots + p_{[r-1]})^b$$

2) 当 $k_{s-1} \leqslant i \leqslant k_s - 1$ $(2 \leqslant s \leqslant l)$ 时:

$$E_{[i]} = \delta + (l - s + 1)t + \sum_{r=i}^{k_s-1} p_r (1 + p_{[k_{s-1}]} + p_{[k_{s-1}+1]} + \cdots + p_{[r-1]})^b +$$

$$\sum_{r=k_s}^{k_{s+1}-1} p_r (1 + p_{[k_s]} + p_{[k_s+1]} + \cdots + p_{[r-1]})^b + \cdots + \sum_{r=k_{l-1}}^{k_l-1} p_r (1 + p_{[k_{l-1}]} +$$

$$p_{[k_{l-1}+1]} + \cdots + p_{[r-1]})^b + \sum_{r=k_l}^{j-2} p_r (1 + p_{[k_l]} + p_{[k_l+1]} + \cdots + p_{[r-1]})^b$$

3) 当 $k_l \leqslant i \leqslant j - 1$ 时:

$$E_{[i]} = \delta + \sum_{r=k_l}^{j-2} p_r (1 + p_{[k_l]} + p_{[k_l+1]} + \cdots + p_{[r-1]})^b$$

此时,工件 $J_{[i]}$ $(j \leqslant i \leqslant n)$ 的 $T_{[j]}$ 可表示为下列三种情况:

1) 当 $j \leqslant i \leqslant k_{l+1} - 1$ 时:

$$T_{[i]} = \sum_{r=j-1}^{i-1} p_r (1 + p_{[k_l]} + p_{[k_l+1]} + \cdots + p_{[r-1]})^b - \delta$$

2) 当 $k_s \leqslant i \leqslant k_{s+1} - 1$ $(l + 1 \leqslant s \leqslant M - 1)$ 时:

$$T_{[i]} = \sum_{r=j-1}^{k_{l+1}-1} p_r(1 + p_{[k_l]} + p_{[k_l+1]} + \cdots + p_{[r-1]})^b + \sum_{r=k_l-1}^{k_{l+2}-1} p_r(1 + p_{[k_{l+1}]} +$$

$$p_{[k_{l+1}+1]} + \cdots + p_{[r-1]})^b + \cdots + \sum_{r=k_s}^{i-1} p_r(1 + p_{[k_s]} + p_{[k_s+1]} + \cdots + p_{[r-1]})^b +$$

$$(s-l)t - \delta$$

3) 当 $k_M \le i \le n$ 时：

$$T_{[i]} = \sum_{r=j-1}^{k_{l+1}-1} p_r(1 + p_{[k_l]} + p_{[k_l+1]} + \cdots + p_{[r-1]})^b + \sum_{r=k_l-1}^{k_{l+2}-1} p_r(1 + p_{[k_{l+1}]} +$$

$$p_{[k_{l+1}+1]} + \cdots + p_{[r-1]})^b + \cdots + \sum_{r=k_M}^{i-1} p_r(1 + p_{[k_s]} + p_{[k_s+1]} + \cdots + p_{[r-1]})^b +$$

$$(M-l)t - \delta$$

因此，总的提前和延迟为：

$$TC = \sum_{i=1}^{n} (\alpha E_{[i]} + \beta T_{[i]}) = [\alpha(j-1) - \beta(n-j+1)]\delta +$$

$$\alpha \sum_{u=0}^{l} (k_{u+1} - k_u)(l-u)t + \beta \sum_{u=l+1}^{M} (k_{u+1} - k_u)(u-l)t +$$

$$\alpha \Big[\sum_{r=1}^{k_1-1} r p_r(1 + p_{[1]} + \cdots + p_{[r-1]})^b + \sum_{u=1}^{l-1} \sum_{r=k_u}^{k_{u+1}-1} r p_r$$

$$(1 + p_{[k_u]} + \cdots + p_{[r-1]})^b + \sum_{r=k_l}^{j-2} r p_r(1 + p_{[k_l]} + \cdots + p_{[r-1]})^b \Big] +$$

$$\beta \Big[\sum_{r=j-1}^{k_{l+1}-1} (n-r)p_r(1 + p_{[k_l]} + p_{[k_l+1]} + \cdots + p_{[r-1]})^b +$$

$$\sum_{u=l+1}^{M-1} \sum_{r=k_u}^{k_{u+1}-1} (n-r)p_r(1 + p_{[k_u]} + p_{[k_u+1]} + \cdots + p_{[r-1]})^b +$$

$$\sum_{r=k_M}^{n-1} (n-r)p_r(1 + p_{[k_M]} + p_{[k_M+1]} + \cdots + p_{[r-1]})^b \Big]$$

由于上述函数是关于 δ 的线性函数，因此，当 $\delta=0$ 或 $\delta = p_{j-1}(1 + p_{[1]} + \cdots + p_{[j-2]})^b$ 时，TC 获得最小值，即存在一个松弛时间

q 使得其值等于某个工件的等待时间。

(3) 当 $k_m \leq j-1 \leq n$ 时，工件 $J_{[i]}$ 的 $E_{[i]}$ ($1 \leq i \leq j-1$) 可表示为：

1) 当 $1 \leq i \leq k_1 - 1$ 时：

$$E_{[i]} = \delta + \sum_{r=i}^{k_1-1} p_r (1 + p_{[1]} + p_{[2]} + \cdots + p_{[r-1]})^b + \sum_{r=k_1}^{k_2-1} p_r$$
$$(1 + p_{[k_1]} + \cdots + p_{[r-1]})^b + \sum_{r=k_M}^{j-2} p_r (1 + p_{[k_M]} + \cdots + p_{[r-1]})^b + Mt$$

2) 当 $k_s \leq i \leq k_{s+1} - 1$ ($1 \leq s \leq M-1$) 时：

$$E_{[i]} = \delta + \sum_{r=i}^{k_{s+1}-1} p_r (1 + p_{[k_s]} + p_{[k_s+1]} + \cdots + p_{[r-1]})^b + \sum_{r=k_{s+1}}^{k_{s+2}-1} p_r (1 +$$
$$p_{[k_{s+1}]} + \cdots + p_{[r-1]})^b + \sum_{r=k_M}^{j-2} p_r (1 + p_{[k_M]} + \cdots + p_{[r-1]})^b + (M-s)t$$

3) 当 $k_M \leq i \leq j-1$ 时：

$$E_{[i]} = \delta + \sum_{r=i}^{j-2} p_r (1 + p_{[k_M]} + p_{[k_M+1]} \cdots + p_{[r-1]})^b$$

此时，工件 $J_{[i]}$ 的 $T_{[i]}$ ($j \leq i \leq n$) 可表示为：

$$T_{[i]} = \sum_{r=j-1}^{i-1} p_r (1 + p_{[k_M]} + p_{[k_M+1]} + \cdots + p_{[r-1]})^b - \delta$$

由此，总的提前和延迟为：

$$TC = \sum_{i=1}^{n} (\alpha E_{[i]} + \beta T_{[i]}) = [\alpha(j-1) - \beta(n-j+1)]\delta + \sum_{u=1}^{M-1}$$
$$(M-u)(k_{u+1} - k_u)t + \alpha[\sum_{r=1}^{k_1-1} rp_r (1 + p_{[1]} + \cdots + p_{[r-1]})^b +$$
$$\sum_{u=1}^{M-1} \sum_{r=k_u}^{k_{u+1}-1} rp_r (1 + p_{[k_u]} + \cdots + p_{[r-1]})^b + \sum_{r=k_M}^{j-2} rp_r (1 + p_{[k_M]} + \cdots +$$
$$p_{[r-1]})^b] + \beta[\sum_{r=j-1}^{n-1} (n-r)p_r (1 + p_{[k_M]} + \cdots + p_{[r-1]})^b]$$

由于上述函数是关于 δ 的线性函数，因此，当 $\delta = 0$ 或 $\delta = p_{j-1}$

$(1+p_{[1]}+\cdots+p_{[j-2]})^b$ 时，TC 获得最小值，即存在一个松弛时间 q 使得其值等于某个工件的等待时间。

因此，性质 6-2 得证。

性质 6-3 对于任意的调度，如果最优的松弛时间对于某个特定的工件 $J_{[j]}$ 满足 $q=C_{[j-1]}=w_{[j]}$，则 $j=\lceil\dfrac{n\beta}{\alpha+\beta}\rceil$。

证明：下面通过移动松弛时间 q 并采用小参数方法对问题进行了证明。

如果最优的松弛时间满足 $q=C_{[j-1]}=w_{[j]}$，将松弛时间向左移动 δ 个单位，那么，总的提前和拖期惩罚在变化后和之前的差值 ΔTC_1 可表示为：

$$\Delta TC_1=[\beta(n-j+1)-\alpha(j-1)]\delta$$

若将松弛时间向右移动 δ 个单位，那么，总的提前和拖期惩罚在变化后和之前的差值 ΔTC_2 可表示为：

$$\Delta TC_2=[\alpha j-\beta(n-j)]\delta$$

为确保当 $q=C_{[j-1]}=w_{[j]}$ 成立时获得最优解，则 ΔTC_1 和 ΔTC_2 一定是非负的。那么：当 $\Delta TC_1\geq 0$ 时，可得 $j\leq 1+\dfrac{n\beta}{\alpha+\beta}$；当 $\Delta TC_2\geq 0$ 时，可得 $j\geq\dfrac{n\beta}{\alpha+\beta}$。因此，可得出 $j=\lceil\dfrac{n\beta}{\alpha+\beta}\rceil$。

三、问题求解

基于性质 6-3，可确定松弛时间 q 的值对应等待时间的工件 $J_{[j]}$，且 $J_{[j]}$ 的位置是 $j=\lceil\dfrac{n\beta}{\alpha+\beta}\rceil$。同时，根据性质 6-2 可知，$\delta=w_{[j]}-w_{[j-1]}=p_{j-1}(1+p_{[1]}+\cdots+p_{[j-2]})^b$，用 $p_{j-1}(1+p_{[1]}+\cdots+p_{[j-2]})^b$ 取代 δ。根据工件和 RMA 的位置关系，可将问题分为三种情况，下面根据

三种情况分别给出相应的模型：

第一，当 $j-1 \leqslant k_1 - 1$ 时：

$$\min TC = \sum_{i=1}^{n}(\alpha E_{[i]} + \beta T_{[i]}) = \sum_{u=1}^{m}(k_{u+1} - k_u)ut + \sum_{i=1}^{n}\{\alpha \sum_{r=1}^{j-1} rp_r$$

$$(1 + p_{[1]} + p_{[2]} + \cdots + p_{[r-1]})^b x_{ir} + \beta [\sum_{r=j}^{k_1-2}(n-r)p_r$$

$$(1 + p_{[1]} + \cdots + p_{[r-1]})^b x_{ir} + \sum_{u=1}^{m-1}\sum_{r=k_u}^{k_{u+1}-1}(n-r)p_r(1+$$

$$p_{[k_u]} + \cdots + p_{[r-1]})^b x_{ir} + \sum_{r=k_m}^{n-1}(n-r)p_r(1 + p_{[k_m]} + \cdots +$$

$$p_{[r-1]})^b x_{ir}]\} \tag{6-1}$$

s.t. $\sum_{r=1}^{n} x_{ir} = 1, i = 1, 2, \cdots, n$ (6-2)

$\sum_{i=1}^{n} x_{ir} = 1, r = 1, 2, \cdots, n$ (6-3)

$x_{ir} = 1$ 或 0, $i = 1, 2, \cdots, n$, $r = 1, 2, \cdots, n$. (6-4)

第二，当 $k_l \leqslant j-1 \leqslant k_{l+1} - 1$ $(1 \leqslant l \leqslant m-1)$ 时：

$$\min TC = \sum_{i=1}^{n}(\alpha E_{[i]} + \beta T_{[i]}) = \alpha \sum_{u=0}^{l}(k_{u+1} - k_u)(l-u)t + \beta \sum_{u=l+1}^{m}$$

$$(k_{u+1} - k_u)(u-l)t + \sum_{i=1}^{n}\{\alpha[\sum_{r=1}^{k_1-1} rp_r(1 + p_{[1]} + \cdots + p_{[r-1]})^b x_{ir} + \sum_{u=1}^{l-1}$$

$$\sum_{r=k_u}^{k_{u+1}-1} rp_r(1 + p_{[k_u]} + \cdots + p_{[r-1]})^b x_{ir} + \sum_{r=k_l}^{j-1} rp_r(1 + p_{[k_l]} + \cdots + p_{[r-1]})^b x_{ir}] +$$

$$\beta[\sum_{r=j}^{k_{l+1}-1}(n-r)p_r(1 + p_{[k_l]} + p_{[k_l+1]} + \cdots + p_{[r-1]})^b x_{ir} + \sum_{u=l+1}^{m-1}\sum_{r=k_u}^{k_{u+1}-1}(n-r)p_r(1+$$

$$p_{[k_u]} + p_{[k_u+1]} + \cdots + p_{[r-1]})^b x_{ir} + \sum_{r=k_m}^{n-1}(n-r)p_r(1 + p_{[k_m]} + p_{[k_m+1]} + \cdots +$$

$$p_{[r-1]})^b x_{ir}]\} \tag{6-5}$$

s.t. $\sum_{r=1}^{n} x_{ir} = 1, i = 1,2,\cdots,n$ (6-6)

$\sum_{i=1}^{n} x_{ir} = 1, r = 1, 2, \cdots, n$ (6-7)

$x_{ir} = 1$ 或 0, $i=1, 2, \cdots, n, r=1, 2, \cdots, n$ (6-8)

第三，当 $k_m \le j-1 < n$ 时：

$$\min TC = \sum_{i=1}^{n}(\alpha E_{[i]} + \beta T_{[i]}) = \sum_{u=1}^{m-1}(m-u)(k_{u+1}-k_u)t +$$

$$\sum_{i=1}^{n}\{\alpha[\sum_{r=1}^{k_1-1}rp_r(1+p_{[1]}+\cdots+p_{[r-1]})^b x_{ir} + \sum_{u=1}^{m-1}\sum_{r=k_u}^{k_{u+1}-1}rp_r(1+p_{[k_u]}+\cdots+$$

$$p_{[r-1]})^b x_{ir} + \sum_{r=k_m}^{j-1}rp_r(1+p_{[k_m]}+\cdots+p_{[r-1]})^b x_{ir}] + \beta[\sum_{r=j}^{n-1}(n-r)p_r(1+$$

$$p_{[k_m]}+\cdots+p_{[r-1]})^b x_{ir}]\}$$ (6-9)

s.t. $\sum_{r=1}^{n} x_{ir} = 1, i = 1,2,\cdots,n$ (6-10)

$\sum_{i=1}^{n} x_{ir} = 1, r = 1,2,\cdots,n$ (6-11)

$x_{ir} = 1$ 或 0, $i=1, 2, \cdots, n, r=1, 2, \cdots, n$ (6-12)

其中式 (6-1)、式 (6-5) 和式 (6-9) 是目标函数；式 (6-2)、式 (6-6) 和式 (6-10) 表示在一个位置只有一个工件；式 (6-3)、式 (6-7) 和式 (6-11) 表示一个工件只分配到一个位置；式 (6-4)、式 (6-8) 和式 (6-12) 表示当工件 $J_{[i]}$ 在位置 r 被加工时，x_{ir} 的值为 1，否则为 0。

当 k 确定时，上述安排问题可在时间复杂度 $O(n^3)$ 内求解 (Kuhn, 2005; Ji and Cheng, 2010)，具体求解过程请参照参考文献 [151] 和 [152]。此外，对于每个 M ($M=1, 2, \cdots, n$)，k_u 可能为 2, 3, $\cdots$, n, 因此 RMA 可能位置的上界为 n^M，可得定理 6-2：

定理 6-2 问题 $1|p_{jr}, d_j = p_{jr} + q, mrm|\sum_{j=1}^{n}(\alpha E_j + \beta T_j)$ 的时间复杂度为 $O(n^{m+3})$。

从定理 6-2 可得推论 6-2：

推论 6-2 问题 $1|p_{ir}, d_i = p_{ir} + q, rm|\sum_{i=1}^{n}(\alpha E_i + \beta T_i)$ 的时间复杂度为 $O(n^4)$，其中 rm 表示最多安排一个 RMA。

由于很容易得到上述两个结果，因此，定理 6-2 和推论 6-2 的证明在此省略。

本章小结

基于工件处理时间依赖累积处理时间的情况，对处理时间依赖累积处理时间的交货期安排问题进行了研究，主要工作如下：

一是针对允许工件提前的交货期安排问题，证明了当目标为最小化总的拖期惩罚时，该问题可在多项式时间内获得最优解。

二是针对在调度过程中安排多个机器维护阶段的情况，研究了处理时间非线性恶化和带有多个 RMAs 的交货期安排问题。根据问题的特点，将其分为几种不同的情况进行了分析，提出了相关的性质和定理；并给出了最优的松弛时间；最后，证明了该问题在多项式内是可解的。

第七章
结束语

单机调度问题是调度问题中不可或缺的一部分，同时也是复杂环境分解后的最小单元。其中，单机调度问题中，处理时间恶化现象是在制造业和服务业的生产过程中常常遇到的现实问题，因此，对于处理时间恶化的单机调度问题研究是提高企业生产效率的关键瓶颈。

本书基于调度理论和实际环境的需要，对处理时间依赖开始时间恶化的单机调度问题、处理时间依赖等待时间恶化的单机调度问题、处理时间依赖累积处理时间恶化的单机调度问题和处理时间依赖累积处理时间恶化的交货期安排问题展开研究。具体研究成果如下：

一是针对处理时间依赖开始时间恶化的单机调度问题进行了以下研究：

针对工件具有不同释放时间和相同恶化率的单机调度问题，建立了混合整数规划模型，采用 ILOG 软件包对模型进行了求解，实验结果与已有文献提出的算法进行了对比，结果验证了模型的有效性。

针对工件具有不同释放时间和不同恶化率的单机调度问题，建立了混合整数规划模型，并采用 ILOG 软件包求解了该模型；提出了基于优先支配性质和下界的分枝定界算法，并获得问题的最优解；进一

第七章 结束语

步地，提出了规则引导的嵌套分割方法和带有下界的规则引导的嵌套分割方法，并获得了问题的近优解；最后，对所提的模型和算法进行了对比分析，结果表明所提出的模型和算法是有效的。

二是针对处理时间依赖等待时间恶化的单机调度问题进行了以下研究：

针对处理时间依赖等待时间线性恶化的单机调度问题，提出了工件处理时间依赖等待时间线性恶化的模型；建立了混合整数规划模型，并采用 ILOG 软件包求解了该模型；进一步地，提出了基于优先支配性质和下界的分枝定界算法；由于分枝定界算法对于大规模问题的局限性，提出了规则引导的嵌套分割方法并获得了问题的近优解；最后，对所提的模型和算法进行了对比分析，结果表明所提出的模型和算法是有效的。

针对工件处理时间依赖等待时间分段线性恶化的单机调度问题，提出了工件的处理时间依赖等待时间分段线性恶化的模型；应用基于优先支配性质和下界的分枝定界算法获得中小规模问题的最优解；进一步地，提出了规则引导的嵌套分割方法并获得了问题的近优解；最后，对所提的算法进行了对比分析，结果验证了所提算法的有效性。

三是针对处理时间依赖累积处理时间非线性恶化的单机调度问题进行了以下研究：

针对处理时间依赖累积处理时间非线性恶化的情况下安排多个恢复时间的单机调度问题，基于问题的特点，给出了问题优先支配性质和下界；进一步提出了分枝定界算法和启发式算法；并证明了两个特例在多项式时间内可获得问题的最优解；最后，通过实验验证了所提算法的有效性。

针对处理时间依赖累积处理时间非线性恶化的情况下考虑恢复函数的单机调度问题，分别以最小化最大完工时间和总完工时间为目标展开研究。基于工人体力恢复依赖时间的特点，提出了一个恢复函数；基于该模型下问题的特点，提出了相关的性质和定理；并分别考虑了两个目标函数，给出了问题多项式算法；最后，通过算例验证了所提模型和算法的有效性。

四是针对处理时间依赖累积处理时间非线性恶化的交货期安排问题进行了以下研究：

针对允许工件提前的交货期安排问题，证明了当目标为最小延迟时间时，该问题在多项式时间内是可解的，并给出了问题的多项式算法以及算例。

针对在调度过程中安排多个机器维护阶段的情况，研究了处理时间非线性恶化和带有多个RMAs的交货期安排问题。当目标为最小化总的提前和拖期惩罚时，依据问题的特点，将其分为几种不同的情况进行了分析，提出了相关的性质和定理；并给出了最优的松弛时间；最后，给出了问题的优化模型。

基于现阶段的研究成果和国内外单机调度问题的研究现状，结合实际中出现的问题，下一步研究工作可以考虑从以下几个方面展开：针对处理时间恶化的单机调度问题，可以考虑同时带有释放时间和交货期的单机调度问题；在不确定环境下，考虑安排多个RMA的调度问题；在动态环境下，考虑多个目标的调度问题；针对上述问题的特殊性，进一步研究适应问题的求解算法。

参考文献

［1］Jackson J. R. Scheduling a production line to minimize maximum tardiness［C］//Research Report 43, Management Science Research Project, Los Angeles: University of California, 1955.

［2］Smith W. E. Various optimizers for single-stage production［J］. Naval Research Logistics, 1956, 3（1 -2）: 59 -66.

［3］张智海. 调度: 原理、算法和系统［M］. 北京: 清华大学出版社, 2007.

［4］Graham R. L., Lawler E. L., Lenstra J. K., Rinnooy Kan A. H. G. Optimization and approximation in the deterministic sequencing and scheduling: A survey［J］. Annals of Discrete Mathematics, 1979, 5（1）: 287 -326.

［5］Lee C. Y., Leon V. J. Machine scheduling with a rate-modifying activity［J］. European Journal of Operational Research, 2001, 128（1）: 119 -128.

［6］Lodree E. J., Geiger C. D., Jiang X. Taxonomy for integrating scheduling theory and human factors: Review and research opportunities ［J］. International Journal of Industrial Ergonomics, 2009, 39（1）:

39-51.

[7] Lodree E. J., Christopher D. G. A note on the optimal sequence position for a rate-modifying activity under simple linear deterioration [J]. European Journal of Operational Research, 2010, 201 (2): 644-648.

[8] 杨善林,马英,鲁付俊. 带不可用时间段的单机调度问题的启发式算法 [J]. 系统工程学报, 2011, 26 (4): 500-506.

[9] 王松丽. 具有释放时间的单机半连续型批处理机调度问题 [D]. 沈阳: 沈阳师范大学硕士学位论文, 2012.

[10] 王刚,陈秋双,杜玉泉,全雄文. 基于组合拍卖的多主体单机调度问题 [J]. 计算机集成制造系统, 2013, 19 (1): 106-113.

[11] Carlier J. The one-machine sequencing problem [J]. European Journal of Operational Research, 1982, 11 (1): 42-47.

[12] Potts C. N. Analysis of a heuristic for one machine sequencing with release dates and delivery times [J]. Operations Research, 1980, 28 (6): 1436-1441.

[13] Lee C. Y. Minimizing makespan on a single batch processing machine with dynamic job arrivals [J]. International Journal of Production Research, 1999, 37 (1): 219-236.

[14] Carlier J., Hermès F., Moukrim A., Ghédira K. Exact resolution of the one-machine sequencing problem with no machine idle time [J]. Computers and Industrial Engineering, 2010, 59 (2): 193-199.

[15] Bianco L., Ricciardelli S. Scheduling of a single machine to minimize total weighted completion time subject to release dates [J]. Naval Research Logistics, 1982, 29 (1): 151-167.

[16] Hariri A. M. A., Potts C. N. An algorithm for single machine sequencing with release dates to minimize total weighted completion time

[J]. Discrete Applied Mathematics, 1983, 5 (1): 99 – 109.

[17] Nessah R., Kacem I. Branch-and-bound method for minimizing the weighted completion time scheduling problem on a single machine with release dates [J]. Computers and Operations Research, 2012, 39 (3): 471 – 478.

[18] Sadfi C., Penz B., Rapine C., Bazewicz J., Formanowicz P. An improved approximation algorithm for the single machine total completion time scheduling problem with availability constraints [J]. European Journal of Operational Research, 2005, 161 (1): 3 – 10.

[19] Emmons H. One-machine sequencing to minimize certain functions of job tardiness [J]. Operations Research, 1969, 17 (4): 701 – 715.

[20] Panwalkar S. S., Smith M. L., Seidmann A. Common due date assignment to minimize total penalty for the one machine scheduling problem [J]. Operations Research, 1982, 30 (2): 391 – 399.

[21] Ernesto G. B., Débora P. R. Heuristic methods for the single machine scheduling problem with different ready times and a common due date [J]. Engineering Optimization, 2012, 44 (10): 1197 – 1208.

[22] Tasgetiren M. F., Pan Q. K., Liang Y. C. A discrete differential evolution algorithm for the single machine total weighted tardiness problem with sequence dependent setup times [J]. Computers and Operations Research, 2009, 36 (6): 1900 – 1915.

[23] Valente J. M. S., Schaller J. E. Improved heuristics for the single machine scheduling problem with linear early and quadratic tardy penalties [J]. European Journal of Industrial Engineering, 2010, 4 (1): 99 – 129.

[24] Wang X., Tang L. A population-based variable neighborhood

search for the single machine total weighted tardiness problem [J]. Computers and Operations Research, 2009, 36 (6): 2105 – 2110.

[25] Baker K. R., Keller B. Solving the single-machine sequencing problem using integer programming [J]. Computer and Industrial Engineering, 2010, 59 (4): 730 – 735.

[26] Villarreal F. J., Bulfin R. L. Scheduling a single machine to minimize the weighted number of tardy jobs [J]. IIE Transactions, 1983, 15 (4): 337 – 343.

[27] Moore J. M. An n jobs, one machine sequencing algorithm for minimizing the number of late jobs [J]. Management Science, 1968, 15 (1): 102 – 109.

[28] Sevaus M., Dauzère-Pérès S. Genetic algorithms to minimize the weighted number of late jobs on a single machine [J]. European Journal of Operational Research, 2003, 151 (2): 296 – 306.

[29] Baptiste P., Peridy L., Pinson E. A branch and bound to minimize the number of late jobs on a single machine with release time constraints [J]. European Journal of Operational Research, 2003, 144 (1): 1 – 11.

[30] Dauzère-Pérès S., Sevaux M. Using Lagrangean relaxation to minimize the weighted number of late jobs on a single machine [J]. Naval Research Logistics, 2003, 50 (3): 273 – 288.

[31] Alidaee B., Womer N. K. Scheduling with time dependent processing times: Review and Extensions [J]. The Journal of the Operational Research Society, 1999, 50 (7): 711 – 720.

[32] 王吉波. 工件加工时间可变的现代排序问题 [D]. 大连理工大学博士学位论文, 2005.

[33] Cheng T. C. E., Ding Q., Lin B. M. T. A concise survey of scheduling with time-dependent processing times [J]. European Journal of Operational Research, 2004, 152 (1): 1 – 13.

[34] 蒋志高, 董明. 考虑维护且加工时间可变的单机调度问题研究 [J]. 工业工程与管理, 2011, 16 (3): 68 – 74.

[35] Gupta J. N. D., Gupta S. K. Single facility scheduling with nonlinear processing times [J]. Computers and Industrial Engineering, 1988, 14 (4): 387 – 393.

[36] Browne S., Yechiali U. Scheduling deteriorating jobs on a single processor [J]. Operations Research, 1990, 38 (3): 495 – 498.

[37] Gawiejnowicz S., Pankowska L. Scheduling jobs with varying processing times [J]. Information Processing Letters, 1995, 54 (3): 175 – 178.

[38] Ho K. I. -J., Leung J. Y. -T., Wei W. D. Complexity of scheduling tasks with time dependent execution times [J]. Information Processing Letters, 1993 (48): 315 – 320.

[39] Cheng T. C. E., Ding Q. The complexity of single machine scheduling with two distinct deadlines and identical decreasing rates of processing times [J]. Computers and Mathematics with Applications, 1998a, 35 (12): 95 – 100.

[40] Cheng T. C. E., Ding Q. The complexity of single machine scheduling with release time [J]. Information Processing Letters, 1998b, 65 (2): 75 – 79.

[41] Cheng T. C. E., Ding Q. The time dependent machine makespan problem is strongly NP-complete [J]. Computers and Operations Research, 1999, 26 (8): 749 – 754.

[42] Cheng T. C. E., Ding Q. Single machine scheduling with deadlines and increasing rates of processing times [J]. Acta Informatica, 2000, 36 (9 – 10): 673 – 692.

[43] Cheng T. C. E., Ding Q. Scheduling start time dependent tasks with deadlines and identical initial processing times on a single machine [J]. Computers and Operations Research, 2003, 30 (1): 51 – 62.

[44] Wang D., Wang J-B. Single-machine scheduling with simple linear deterioration to minimize earliness penalties [J]. The International Journal of Advanced Manufacturing Technology, 2010, 46 (1 – 4): 285 – 290.

[45] Huang X., Wang J.-B., Wang X.-R. A generalization for single-machine scheduling with deteriorating jobs to minimize earliness penalties [J]. The International Journal of Advanced Manufacturing Technology, 2010, 47 (9 – 12): 1225 – 1230.

[46] Wang X.-R., Huang X., Wang J.-B. Single-machine scheduling with linear decreasing deterioration to minimize earliness penalties [J]. Applied Mathematical Modelling, 2011, 35 (7): 3509 – 3515.

[47] Ng C. T., Li S., Cheng T. C. E., Yuan J. Preemptive scheduling with simple linear deterioration on a single machine [J]. Theoretical Computer Science, 2010, 411 (40 – 42): 3578 – 3586.

[48] 闫杨, 王大志, 汪定伟, 王洪峰. 一类具有资源约束和恶化效应的单机成组排序问题 [J]. 控制与决策, 2008, 23 (12): 1413 – 1422.

[49] Wang J.-B., Ng C. T., Cheng T. C. E. Single-machine scheduling with deteriorating jobs under a series-parallel graph constraint [J]. Computer and Operations Research, 2008, 35 (8): 2684 – 2693.

[50] Pappis C. P., Rachaniotis N. P. Scheduling a single fire fighting resource with deteriorating fire suppression times and set-up times [J]. Operational Research, 2010, 10 (1): 27-42.

[51] Lee W.-C., Wang W.-J., Shiau Y.-R., Wu C.-C. A single-machine scheduling problem with two-agent and deteriorating jobs [J]. Applied Mathematical Modelling, 2010, 34 (10): 3098-3107.

[52] Li S., Ng C. T., Yuan J. Scheduling deteriorating jobs with CON/SLK due date assignment on a single machine [J]. International Journal of Production Economics, 2011, 131 (2): 747-751.

[53] Wang J.-B., Gao W.-J., Wang L.-Y., Wang D. Single machine group scheduling with general linear deterioration to minimize the makespan [J]. The International Journal of Advanced Manufacturing Technology, 2009, 43 (1-2): 146-150.

[54] Wei C.-M., Wang J.-B. Single machine quadratic penalty function scheduling with deteriorating jobs and group technology [J]. Applied Mathematical Modelling, 2010, 34 (11): 3642-3647.

[55] Gawiejnowicz S., Lin B. M. T. Scheduling time-dependent jobs under mixed deterioration [J]. Applied Mathematics and Computation, 2010, 216 (2): 438-447.

[56] Liu P., Yi N., Zhou X. Two-agent single-machine scheduling problems under increasing linear deterioration [J]. Applied Mathematical Modelling, 2011, 35 (5): 2290-2296.

[57] Zhu V. C. Y., Sun L., Sun L., Li X. Single-machine scheduling time-dependent jobs with resource-dependent ready times [J]. Computers and Industrial Engineering, 2010, 58 (1): 84-87.

[58] Wei C.-M., Wang J.-B., Ji P. Single-machine scheduling with

time-and-resource-dependent processing time [J]. Applied Mathematical Model, 2012, 36 (2): 792 - 798.

[59] Kubiak W., Velde S. L. Scheduling deteriorating jobs to minimize makespan [J]. Naval Research Logistics, 1998, 45 (5): 511 - 523.

[60] Cai J. -Y., Cai P., Zhu Y. On a scheduling problem of time deteriorating jobs [J]. Journal of Complexity, 1998, 14 (2): 190 - 209.

[61] Kunnathur A. S., Gupta S. K. Minimizing the makespan with late start penalties added to processing times in a single facility scheduling problem [J]. European Journal of Operational Research, 1990, 47 (1): 56 - 64.

[62] Sundararaghavan P. S., Kunnathur A. S. Single machine scheduling with due dates and processing time penalties [C]. Louisiana: Proceeding of the National Meeting of the Decision Sciences Institute, 2009.

[63] Wu C. -C., Shiau Y. -R., Lee L. -H., Lee W. -C. Scheduling deteriorating jobs to minimize the makespan on a single machine [J]. The International Journal of Advanced Manufacturing Technology, 2009, 44 (11 - 12): 1230 - 1236.

[64] Moslehi G., Jafari A. Minimizing the number of tardy jobs under piecewise-linear deterioration [J]. Computers and Industrial Engineering, 2010, 59 (4): 573 - 584.

[65] Wang J. -B., Wang M. -Z. Single-machine scheduling with non-linear deterioration [J]. Optimization Letters, 2012, 6 (1): 87 - 88.

[66] 刘鹏, 周晓晔, 衣娜. 带有减少线性恶化效应的双代理调度问题 [J]. 系统工程学报, 2011, 26 (3): 387 - 392.

[67] Cheng T. C. E., Lee W. -C., Wu C. -C. Single-machine scheduling with deteriorating functions for job processing times [J]. Applied Mathe-

matical Modelling, 2010, 34 (12): 4171-4178.

[68] Wang J.-B., Sun L.-H., Sun L.-Y. Single-machine total completion time scheduling with a time-dependent deterioration [J]. Applied Mathematical Modelling, 2011, 35 (3): 1506-1511.

[69] Voutsinas T. G., Pappis C. P. A branch and bound algorithm for single machine scheduling with deteriorating values of jobs [J]. Mathematical and Computer Modelling, 2010, 52 (1-2): 55-61.

[70] Lai P.-J., Lee W.-C. Single-machine scheduling with a nonlinear deterioration function [J]. Information Processing Letters, 2010, 110 (11): 455-459.

[71] Lai P.-J., Lee W.-C., Chen H.-H. Scheduling with deteriorating jobs and past-sequence-dependent setup times [J]. The International Journal of Advanced Manufacturing Technology, 2011, 54 (5-8): 737-741.

[72] Lai P.-J., Wu C.-C., Lee W.-C. Single-machine scheduling with logarithm deterioration [J]. Optimization Letters, 2012, 6 (8): 1719-1730.

[73] Cheng T. C. E., Lee W.-C., Wu C.-C. Single-machine scheduling with deteriorating jobs and past-sequence-dependent setup times [J]. Applied Mathematical Modelling, 2011, 35 (4): 1861-1867.

[74] Shen P., Wei C.-M., Huang X. Single-machine scheduling problems with an actual time-dependent deterioration [J]. Applied Mathematical Modelling, 2013, 37 (7): 5555-5562.

[75] Biskup D. Single-machine scheduling with learning considerations [J]. 1999, 115 (1): 173-178.

[76] Mosheiov G. Scheduling problems with a learning effect [J].

European Journal of Operational Research, 2001, 132 (3): 687-693.

[77] Cheng T. C. E., Wang G. Single machine scheduling with learning effect considerations [J]. Annals of Operations Research, 2000, 98 (1-4): 273-290.

[78] Kuo W.-H., Yang D.-L. Single-machine group scheduling with a time-dependent learning effect [J]. Computers and Operations Research, 2006, 33 (8): 2099-2112.

[79] Eren T., Güner E. Minimizing total tardiness in a scheduling problem with a learning effect [J]. Applied Mathematical Modelling, 2007, 31 (7): 1351-1361.

[80] Wu C.-C., Lee W.-C. A note on single-machine scheduling with learning effect and an availability constraint [J]. The International Journal of Advanced Manufacturing Technology, 2007, 33 (5-6): 540-544.

[81] Eren Tamer. Minimizing the total weighted completion time on a single machine scheduling with release dates and a learning effect [J]. Applied Mathematics and Computation, 2009, 208 (2): 355-358.

[82] Lee W.-C., Wu C.-C., Hsu P.-H. A single-machine learning effect scheduling with release times [J]. Omega, 2010, 38 (1-2): 3-11.

[83] Kuo W.-H., Yang D.-L. Minimizing the total completion time in a single-machine scheduling problem with a time-dependent learning effect [J]. European Journal of Operational Research, 2006, 174 (2): 1184-1190.

[84] Yang D.-L., Kuo W.-H. Single-machine scheduling with an actual time-dependent learning effect [J]. Journal of The Operational

Research Society, 2007, 58 (10): 1348-1353.

[85] Wang J.-B. Single-machine scheduling with a sum-of-actual-processing-time-based learning effect [J]. Journal of Operational Research Society, 2010, 61 (1): 172-177.

[86] Wu C.-C., Hsu P.-H., Chen J.-C., Wang N.-S., Wu W.-H. Branch-and-bound and simulated annealing algorithms for a total weighted completion time scheduling with ready times and learning effect [J]. The International Journal of Advanced Manufacturing Technology, 2011, 55 (1-4): 341-353.

[87] Wang J.-B., Ng C.-T., Cheng T. C. E., Liu L. L. Single-machine scheduling with a time-dependent learning effect [J]. International Journal of Production Economics, 2008, 111 (2): 802-811.

[88] Jiang Z., Chen F., Kang H. Single-machine scheduling problems with actual time-dependent and job-dependent learning effect [J]. European Journal of Operational Research, 2013, 227 (1): 76-80.

[89] Jiang Z., Chen F., Wu C. Minimizing the maximum lateness in a single-machine scheduling problem with the normal time-dependent and job-dependent learning effect [J]. Applied Mathematics and Computation, 2012, 218 (18): 9438-9441.

[90] Wang J.-B. Single-machine scheduling with past-sequence-dependent setup times and time-dependent learning effect [J]. Computers and Industrial Engineering, 2008, 55 (3): 584-591.

[91] Wu C.-C., Lee W.-C. Single-machine scheduling problems with a learning effect [J]. Applied Mathematical Modelling, 2008, 32 (7): 1191-1197.

[92] Cheng T. C. E., Kuo W.-H., Yang D.-L. Scheduling with a

position-weighted learning effect [J]. Optimization Letters, 2014, 8 (1): 293-306.

[93] Kuo W.-H. Single-machine group scheduling with time-dependent learning effect and position-based setup time learning effect [J]. Annals of Operations Research, 2012, 196 (1): 349-359.

[94] Yin Y., Xu D., Wang J. Some single-machine scheduling problems with past-sequence-dependent setup times and a general learning effect [J]. The International Journal of Advanced Manufacturing Technology, 2010, 48 (9-12): 1123-1132.

[95] Janiak A. Experience-based approach to scheduling problems with the learning effect [J]. IEEE Transactions on Systems Man and Cybernetics-Part A: Systems and Humans, 2009, 39 (2): 344-357.

[96] Wang J.-B., Sun L., Sun L. Single machine scheduling with exponential sum-of-logarithm-processing-times based learning effect [J]. Applied Mathematical Modelling, 2010, 34 (10): 2813-2819.

[97] Wang J.-B., Wang D., Wang L.-Y., Lin L., Yin N., Wang W.-W. Single machine scheduling with exponential time-dependent learning effect and past-sequence-dependent setup times [J]. Computers and Mathematics with Applications, 2009, 57 (1): 9-16.

[98] Bai J., Wang M.-Z., Wang J.-B. Single machine scheduling with a general exponential learning effect [J]. Applied Mathematical Modelling, 2012, 36 (2): 829-835.

[99] Yan Y., Wang D.-Z., Wang D.-W., Ip W.H., Wang H.-F. Single machine group scheduling problems with the effects of deterioration and learning [J]. Acta Automatica Sinica, 2009, 35 (10): 1290-1295.

[100] 刘鹏, 周晓晔, 荣楠. 带有学习效应和恶化工件的双代理

调度问题 [J]. 系统工程学报, 2012, 27 (6): 841-846.

[101] 郭倩. 同时具有学习和恶化效应的若干工期问题研究 [D]. 沈阳: 沈阳航空航天大学硕士学位论文, 2011.

[102] 崔苗苗. 带有学习与恶化效应的机器受限的排序问题 [D]. 沈阳: 沈阳师范大学硕士学位论文, 2012.

[103] Blum C., Roli A. Metaheuristics in combinatorial optimization: Overview and conceptual comparison [J]. ACM Computing Surveys, 2003, 35 (3): 268-308.

[104] Velho L., Carvalho P., Gomes J., Figueiredo L. D. Mathematical optimization in computer graphics and vision [M]. Amsterdam: Elsevier, 2008.

[105] Land A. H., Doig A. G. An automatic method of solving discrete programming problems [J]. Econometrica, 1960, 28 (3): 497-520.

[106] 周康, 强小利, 同小军, 许进. 求解TSP算法 [J]. 计算机工程与应用, 2007, 43 (29): 43-47, 85.

[107] 喻登科. 基于分枝定界组合权的综合评价方法 [J]. 数学的实践与认识, 2012, 42 (22): 64-70.

[108] Larsen M. Branch and bound soulution of the multidimensional assignment problem formulation of data association [J]. Optimization Methods and Software, 2012, 27 (6): 1101-1126.

[109] Marti R., Gallego M., Duarte A. A branch and bound algorithm for the maximum diversity problem [J]. European Journal of Operational Research, 2010, 200 (1): 36-44.

[110] 马红平. 最大团问题及其分枝定界法研究 [D]. 太原理工大学硕士学位论文, 2002.

[111] Bouabda R., Jarboui B., Eddaly M., Rebai A. A branch and bound enhanced genetic algorithm for scheduling a flowline manufacturing cell with sequence dependent family setup times [J]. Computer and Operations Research, 2011, 38 (1): 387-393.

[112] 叶凌箭, 宋执环. 基于分枝定界法筛选完整性的分散控制结构 [J]. 控制工程, 2012, 20 (1): 34-37.

[113] 陈明伟, 朱登明, 毛天露, 王兆其. 基于分枝定界法的运动控制相机轨迹跟踪 [J]. 2012, 24 (9): 1958-1964.

[114] Blum C., Roli A. Hybrid metaheuristics: an introduction [C]//Blum C., Aguilera M. J. B., Roli A., Sampels M., Hybrid Metaheuristics, Berlin: Springer, 2008.

[115] Yagiura M., Ibaraki T. On metaheuristic algorithms for combinatorial optimization problems [J]. Systems and Computers in Japan, 2001, 32 (3): 33-55.

[116] Metropolis N., Rosenbluth A. W., Rosenbluth M. N., Teller A. H., Teller E. Equations of state calculations by fast computing machines [J]. The Journal of Chemical Physics, 1953, 21 (6): 1087-1092.

[117] Holland J. H. Adaptation in natural and artificial systems [M]. Ann Arbor: University of Michigan Press, 1975.

[118] Glover F. Heuristics for integer programming using surrogate constraints [J]. Decision Sciences, 1977, 8 (1): 156-166.

[119] Colorni A., Dorigo M., Maniezzo V. Distributed optimization by ant colonies [C]//Proceedings of the first European conference on artificial life, Paris: Elsevier Publishing, 1991.

[120] Kennedy J., Eberhart R. Particle swarm optimization [C]// Proceedings of IEEE International conference on neural networks, Piscat-

away: IEEE Service Center, 1995.

[121] Mladenović N., Hansen P. Variable Neighborhood Search [J]. Computers and Operations Research, 1997, 24 (11): 1097 – 1100.

[122] Geem Z. W., Kim J. H., Loganathan G. V. Harmony search [J]. Simulation, 2001, 76 (2): 60 – 68.

[123] Shi L., Ólafsson S. Nested partitions method for global optimization [J]. Operations Research, 2000, 48 (3): 390 – 407.

[124] 刘昌军, 苏琴, 卫军胡, 陶维丽. 嵌套分割算法在旅行商问题上的应用 [J]. 系统方针学报, 2008, 20 (24): 6858 – 6861, 6870.

[125] Shi L., Ólafsson S., Chen Q. An optimization framework for product design [J]. Management Scinece, 2001, 47 (12): 1681 – 1692.

[126] Chauhdry M. H. M., Luh P. B. Nested partitions for global optimization in nonlinear model predictive control [J]. Control Engineering Practice, 2012, 20 (9): 869 – 881.

[127] Chen W., Pi L., Shi L. Nested partitions and its applications to the intermodal hub location problem [C]//Chaovalitwongse W., Furman K. C., Pardalos P. M., Optimization and Logistics Challenges in the Enterprise, New York: Springer, 2009 (30): 229 – 251.

[128] 宋建强, 马良. 基于禁忌搜索的复合嵌套分割算法 [J]. 计算机应用研究, 2011, 28 (4): 1260 – 1262.

[129] Xia L., Yin W., Dong J., Wu T., Xie M., Zhao Y. A hybrid nested partitions algorithm for banking facility location problems [J]. IEEE Transactions on Automation Science and Engineering, 2010, 7 (3): 654 – 658.

[130] Ólafsson S., Yang J. Intelligent partitioning for feature selection [J]. Informs Journal on Computing, 2005, 17 (3): 339 – 355.

[131] Yoo T., Cho H., Yŭcesan E. Hybrid algorithm for discrete event simulation based supply chain optimization [J]. Expert Systems with Applications, 2010, 37 (3): 2354 - 2361.

[132] Pi L., Pan Y., Shi L. Hybrid nested partitions and mathematical programming approach and its applications [J]. IEEE Transactions on Automation Science and Engineering, 2008, 5 (4): 573 - 586.

[133] Shi L., Men S. Optimal buffer allocation in production lines [J]. IIE Transactions, 2003, 35 (1): 1 - 10.

[134] Shi L., Meyer R. R., Bozbay M., Miller A. J. A nested partitions framework for solving large - scale multicommodity facility location problems [J]. Journal of Systems Science and Systems Engineering, 2004, 13 (2): 158 - 179.

[135] Shi L., Ólafsson S. Nested partitions method for stochastic optimization [J]. Methodology and Computing in Applied Probability, 2000, 2 (3): 271 - 291.

[136] Shihabi S. A., Ólafsson S. A hybrid of nested partition, binary ant system, and linear programming for the multidimensional knapsack problem [J]. Computers and Operations Research, 2010, 37 (2): 247 - 255.

[137] ILOG optimization suite, Paris, France: ILOG Inc. [EB/OL]. http://www.ilog.com/products/optimization.

[138] Lee W.-C., Wu C.-C., Y.-H. Chung. Scheduling deteriorating jobs on a single machine with release times [J]. Computers and Industrial Engineering, 2008, 54 (3): 441 - 452.

[139] Chu C. B. A branch-and-bound algorithm to minimize total flow time with unequal release dates [J]. Naval Research Logistics, 1992, 39 (6): 859 - 875.

[140] Lodree E. J., Christopher D. G. A note on the optimal sequence position for a rate-modifying activity under simple linear deterioration [J]. European Journal of Operational Research, 2010, 201 (2): 644 – 648.

[141] Iranpoor M., Fatemi Ghomi S. M. T. Machine scheduling in the presence of sequence-dependent setup times and a rate-modifying activity [J]. International Journal of Production Research, 2012, 50 (24): 7401 – 7414.

[142] Yang D. -L., Yang S. -J. Unrelated parallel-machine scheduling problems with multiple rate-modifying activities [J]. Information Sciences, 2013, 235 (20): 280 – 286.

[143] He Y., Ji M., Cheng T. C. E. Single machine scheduling with a restricted rate-modifying activity [J]. Naval Research Logistics, 2005, 52 (4): 361 – 369.

[144] Wang X. -Y., Wang M. -Z. Single machine common flow allowance scheduling with a rate-modifying activity [J]. Computers and Industrial Engineering, 2010, 59 (4): 898 – 902.

[145] Zhao C., Tang H. A note to due-window assignment and single machine scheduling with deteriorating jobs and a rate-modifying activity [J]. Computers and Operations Research, 2012, 39 (6): 1300 – 1303.

[146] Gordon V. S., Tarasevich A. A. A note: Common due date assignment for a single machine scheduling with the rate-modifying activity [J]. Computers and Operations Research, 2009, 36 (2): 325 – 328.

[147] Zhu Z., Chu F., Sun L., Liu M. Single machine scheduling with resource allocation and learning effect considering the rate-modifying activity [J]. Applied Mathematical Modelling, 2013, 37 (7): 5371-5380.

[148] Adamopoulos G. I., Pappis C. P. Scheduling jobs with differ-

ent, job-dependent earliness and tardiness penalties using the SLK method [J]. European Journal of Operational Research, 1996, 88 (2): 336 – 344.

[149] Kuhn H. W. The Hungarian method for the assignment problem [J]. Naval Research Logistics. 2005, 52 (1): 7 – 21.

[150] Ji M., Cheng T. C. E. Scheduling with job-dependent learning effects and multiple rate-modifying activities [J]. Information Processing Letters, 2010, 110 (11): 460 – 463.

[151] Brucker P. Scheduling Algorithms [M]. Berlin: Springer, 2001.

[152] Papadimitriou C. H., Steiglitz K. Combinatorial Optimization: Algorithms and Complexity [C]. New Jersey: Prentice Hall, Englewood Cliffs, 1982.

后　　记

调度问题是制造业等领域的常见问题，是一个庞大而复杂的问题，它的本质是对其中存在冲突的问题进行优化，对资源进行合理分配，使最后的综合效益获得最大化。同时，许多调度问题被证明是非确定性多项式（Nondeterministic Polynomial，NP）难题，即使是小规模的调度问题也很难得到最优解。因此，本书仅从制造业和服务业中遇到的处理时间恶化现象对其进行了深入研究，并应用进化算法和多项式算法给出了相关问题的近优解，但这只是调度问题中的冰山一角。

在实际的生产活动中，随着社会的发展和信息技术的变革，新的调度问题又在不断涌现，如满足多目标的复杂调度问题、动态环境下的调度问题、不确定环境下的调度问题、针对处理时间恶化的单机调度问题、考虑同时带有释放时间和交货期的单机调度问题、考虑安排多个 RMA 的调度问题等，同时针对相应的问题也要给出具体的解决方案，未来将会在此进行深入的研究。

在此要特别感谢我的导师黄敏教授，她严谨的治学态度、平易近人的作风和对科研工作的热爱与追求，使我能克服困难，坚持研究。同时，感谢东北大学系统工程研究所的汪定伟教授、刘士新教授，以及美国 Texas A&M 大学的 V. J. Leon 教授和 Dr. C. L. Chu，香港理工大学的 Dr. W. H. Ip、Dr. Vincent Cho、研究生 C. K. Ng，日本千叶工业大学徐春晖教授对本书的研究给予的非常有价值的指导和帮助。

特别感谢我的家人，他们多年来的辛勤教育和不断鼓励是我完成本书的无限动力。

最后，希望未来能够在相关问题上有更加深入的研究。

吴花平